Sandra Herting

Rechtliche und tatsächliche Situation palästinensischer Flüchtlinge

Diplomica Verlag GmbH

Herting, Sandra: Rechtliche und tatsächliche Situation palästinensischer Flüchtlinge,
Hamburg, Diplomica Verlag GmbH 2013

Buch-ISBN: 978-3-8428-9831-8
PDF-eBook-ISBN: 978-3-8428-4831-3
Druck/Herstellung: Diplomica® Verlag GmbH, Hamburg, 2013
Covermotiv: © Sandra Herting, Foto oben: Die *Nakba*, Graffiti an einer Mauer des
Flüchtlingslagers Balata in Nablus
Foto unten: „Key of return", Graffiti an einer Mauer des
Flüchtlingslagers Balata in Nablus

Bibliografische Information der Deutschen Nationalbibliothek:
Die Deutsche Nationalbibliothek verzeichnet diese Publikation in der Deutschen
Nationalbibliografie; detaillierte bibliografische Daten sind im Internet über
http://dnb.d-nb.de abrufbar.

Das Werk einschließlich aller seiner Teile ist urheberrechtlich geschützt. Jede Verwertung außerhalb der Grenzen des Urheberrechtsgesetzes ist ohne Zustimmung des Verlages unzulässig und strafbar. Dies gilt insbesondere für Vervielfältigungen, Übersetzungen, Mikroverfilmungen und die Einspeicherung und Bearbeitung in elektronischen Systemen.

Die Wiedergabe von Gebrauchsnamen, Handelsnamen, Warenbezeichnungen usw. in diesem Werk berechtigt auch ohne besondere Kennzeichnung nicht zu der Annahme, dass solche Namen im Sinne der Warenzeichen- und Markenschutz-Gesetzgebung als frei zu betrachten wären und daher von jedermann benutzt werden dürften.

Die Informationen in diesem Werk wurden mit Sorgfalt erarbeitet. Dennoch können Fehler nicht vollständig ausgeschlossen werden und die Diplomica Verlag GmbH, die Autoren oder Übersetzer übernehmen keine juristische Verantwortung oder irgendeine Haftung für evtl. verbliebene fehlerhafte Angaben und deren Folgen.

Alle Rechte vorbehalten

© Diplomica Verlag GmbH
Hermannstal 119k, 22119 Hamburg
http://www.diplomica-verlag.de, Hamburg 2013
Printed in Germany

Inhaltsverzeichnis

I. Einleitung 7

II. Historischer Kontext 9
    1. Ereignisse von 636 – 1948 9
    2. Die *Nakba* 12
        a) Die erste Phase 12
        b) Die zweite Phase 12
        c) Die dritte Phase 13
        d) Die vierte Phase 14
        e) Die fünfte Phase 14
        f) Massenvertreibung der palästinensischen Bevölkerung? 15
    3. Ereignisse von 1949 - 1967 18
    4. Ereignisse ab 1967 21

III. Begriffsbestimmung 23

IV. Statistischer Überblick 27

V. Lage der palästinensischen Flüchtlinge in den Zufluchtsstaaten/-gebieten 31
    1. Lage im Westjordanland 31
    2. Lage im Gaza-Streifen 31
    3. Lage in Jordanien 32
    4. Lage im Libanon 35
    5. Lage in Syrien 37
    6. Lage in anderen arabischen Ländern 38

VI. Palästinensische Flüchtlinge und der Anwendungsbereich der GFK 39
    1. Art. 1 A Nr. 2 GFK 39
    2. Art. 1 D GFK 40
        a) Art. 1 D S. 1 GFK 42
        b) Art. 1 D S. 2 GFK 43
        c) Zwischenergebnis 46

VII. Palästinensische Flüchtlinge und Staatenlosigkeit 49
    1. Osmanisches Reich - britisches Mandatsgebiet 49
    2. Die Gründung des Staates Israel 50
        a) Verstoß Israels gegen internationales Recht 51
            aa) Verstoß gegen das Übereinkommen zur Verminderung der Staatenlosigkeit 51

  bb) Verstoß gegen Art. 15 I UDHR 52
  cc) Verstoß gegen die ICERD 52
 3. Staatenlosigkeit der palästinensischen Flüchtlinge in den OPT 55
 4. Anwendungsbereich des Staatenlosenübereinkommens 58
 5. Zwischenergebnis 59

VIII. Recht auf Rückkehr 61
 1. Rückkehranspruch gem. UN-Resolutionen 62
  a) UN GA Res. 194 (III) 62
   aa) „to their homes" 62
   bb) „whishing to (...) live at peace with their neighbours" 63
   cc) „at the earliest practicable date" 64
  b) UN SC Res. 237 (1967) 65
  c) UN SC Res. 242 (1967) 65
  d) Rückkehranspruch aus dem Selbstbestimmungsrecht des palästinensischen Volkes. 66
 2. Rückkehranspruch gem. Art. 12 IV IPbürgR 67
  a) Anwendbarkeit auf Kollektive 67
  b) Rückkehr nach Israel 68
   aa) „sein eigenes Land" 68
   bb) „willkürlich" 71
    (1) öffentlicher Notstand 72
    (2) gesetzliche Grundlage 73
    (3) Verhältnismäßigkeit 73
     (a) geeignetes Mittel 73
     (b) Zwischenergebnis 75
    (4) Verbot der Diskriminierung gem. Art. 4 I IPbürgR 76
   cc) Zwischenergebnis 77
  c) Rückkehr in die OPT 77
   aa) Die Mauer 77
   bb) israelische Siedlungen 78
   cc) Zwischenergebnis 79

IX. Schlussfolgerung 81

Literaturverzeichnis 85

Abbildungsverzeichnis 103

I. Einleitung

Bei ihrer Flucht 1948 verschlossen viele Palästinenser ihre Haustüren und nahmen - in der Annahme ihrer baldigen Rückkehr - die Schlüssel mit. Doch diese Rückkehr ist auch 64 Jahre nach der Flucht nicht erfolgt. Die Massenflucht der Palästinenser von 1948, die „Nakba" (Katastrophe) ist tief in der Identität der Palästinenser verwurzelt. Die Schlüssel wurden unter den Flüchtlingen von Generation zu Generation weitergereicht und sind zum Symbol ihrer Rückkehr in die Heimat geworden.

Abb. 1: „Key of Return", Stahlskulptur, am Ortseingang von Jericho

Die Frage der palästinensischen Flüchtlinge ist seit 1948 ein Kernpunkt des israelisch-arabischen Konflikts. Im Rahmen der vorliegenden Studie soll zunächst ein Überblick über den historischen Kontext dieses Konfliktes und insbesondere der Nakba gegeben werden. Im weiteren Verlauf soll untersucht werden, in welche Länder die Palästinenser geflohen sind und wie sich deren Lage in den Zufluchtsstaaten darstellt. Sind die palästinensischen Flüchtlinge in den arabischen Aufnahmestaaten integriert?

Trotz des Titels, „Rechtliche und tatsächliche Situation palästinensischer Flüchtlinge", kann im Rahmen dieser Studie bei Weitem nicht auf alle Aspekte eingegangen werden. Gerade der israelisch-palästinensische Konflikt ist ein sehr komplexes Thema. Es wird aber insbesondere der Frage nachgegangen, ob sich palästinensische – ebenso wie andere - Flüchtlinge auf die Schutzmechanismen der Genfer Flüchtlingskonvention (GFK) berufen können.

Darüber hinaus wird untersucht, welche Staatsangehörigkeit die palästinensischen Flüchtlinge besitzen. Sind sie palästinensische oder israelische Staatsangehörige oder gar staatenlos - welche Konsequenzen ergeben sich daraus? Ein weiterer Schwerpunkt der Studie liegt auf der Prüfung, ob ein Unterschied zwischen der rechtlichen und der tatsächlichen Situation der palästinensischen Flüchtlinge in Bezug auf deren Rückkehr besteht.

Im Hinblick auf die Methodik sind neben einer umfassenden Literaturrecherche auch persönliche Erfahrungen aus mehreren Aufenthalten in den palästinensischen Gebieten und Jordanien in den Jahren 2008, 2010, 2011 und 2012 sowie aus zahlreichen Gesprächen mit palästinensischen Flüchtlingen in die Studie mit eingeflossen.

II. Historischer Kontext

1. Ereignisse von 636 – 1948

Von 636 bis 1099 war Palästina unter arabischer Herrschaft. Nachdem die Kreuzritter und danach die Mameluken für einige Zeit die Macht übernommen hatten, wurde Palästina 1516 in das Osmanische Reich eingegliedert.[1]

Während der Zeit der osmanischen Herrschaft wanderte eine geringe Anzahl jüdischer Migranten nach Palästina ein. Da ihre Zahl unbedeutend gering war und sie keine politischen Ziele verfolgten, rief dies keinen Unmut unter der arabisch-palästinensischen Bevölkerung hervor.[2] In dieser Zeit begannen erste zionistische Einwanderer landwirtschaftliche Siedlungen auf erworbenem Land zu errichten. Die Landkäufe erfolgten dabei nicht nach zufälligem Muster. Ziel war es, eine Kette von Dörfern auf einem zusammenhängenden jüdischen Gebiet zu errichten.[3]

Im Jahr 1901 gründete die World Zionist Organization (WZO) den Jewish National Fund (JNF), um Land für jüdische Siedler in Palästina zu kaufen. Gemäß der Charta des JNF durfte der vom JNF erworbene Grund niemals verkauft werden, sondern konnte lediglich an Juden verpachtet werden, die sich verpflichteten, auf dem Land nur jüdische Arbeiter einzustellen.[4] Der JNF agierte in diesem Sinne gewissermaßen als Verwalter des Landes für den zukünftigen Staat Israel.[5] Mit dem Anstieg der Landkäufe stieg auch die Opposition der arabisch-palästinensischen Bevölkerung gegen den Zionismus. Ebenso negativ reagierte die indigene jüdische Bevölkerung auf die zionistische Bewegung, da sie keine Notwendigkeit für die Errichtung eines jüdischen Staates in Palästina sah.[6]

Im Jahr 1918 hatte Palästina eine Gesamtbevölkerung von 680.000 Einwohnern, davon waren 56.000 Juden.[7] Dies entspricht ca. 8% der Gesamtbevölkerung.

Von 1917 bis 1918, im Rahmen des Ersten Weltkriegs, eroberten britische Truppen Palästina.[8] Gem. Art. 22 IV des Covenant of the League of Nations wurde das Gebiet des Osmanischen Reiches - solange bis diese Staaten sich zu unabhängigen souveränen Staaten entwickelt

---

1 Takkenberg, The Status of Palestinian Refugees in International Law, 1997, S. 8.
2 Takkenberg, The Status of Palestinian Refugees in International Law, 1997, S. 8.
3 Quigley, The Case for Palestine, 2005, S. 4.
4 Fischbach, The Peace Process and Palestinian Refugee Claims, 2006, S. 15; Fischbach, Records of Dispossession, 2003, S. 59; Quigley, The Case for Palestine, 2005, S. 4f.
5 Quigley, The Case for Palestine, 2005, S. 4f.
6 Quigley, The Case for Palestine, 2005, S. 6.
7 Britische Zensus-Daten, zitiert nach: Takkenberg, The Status of Palestinian Refugees in International Law, 1997, S. 8.
8 Takkenberg, The Status of Palestinian Refugees in International Law, 1997, S. 8.

hatten - zum Mandatsgebiet erklärt.[9] Palästina wurde als Mandatsgebiet der Kategorie „A" eingestuft, was die höchste Stufe in Bezug auf die Bereitschaft zur Unabhängigkeit darstellte. Die Einstufung als A-Mandat bedeutete die vorläufige Anerkennung der Unabhängigkeit Palästinas.[10]

Mit Inkrafttreten des am 24. Juli 1922 auf Grundlage von Art. 22 IV des Covenant of the League of Nations geschlossenen Abkommens, "Mandate for Palestine", wurde Palästina britisches Mandatsgebiet. Das Mandate for Palestine implementierte letztlich die Balfour Declaration vom 2. November 1917.[11]

Bei der Balfour Declaration handelt es sich um einen Brief des Briten A. J. Balfour an den zionistischen Vorsitzenden der britischen Zionist Federation, Lord Rothschild, in dem er die Unterstützung Großbritanniens bei der Errichtung eines jüdischen Staats in Palästina zusichert.[12] In der Hoffnung, dass jüdische Siedlungen in Palästina vorteilhaft für die britische Herrschaft über Palästina seien, veröffentlichte das britische Kabinett den als Balfour Declaration bekannt gewordenen Brief.[13]

Die Balfour Declaration muss im Zusammenhang mit der Entwicklung des Zionismus und der von Georg Herzl 1897 in Basel gegründeten WZO gesehen werden, deren Hauptziel es war, einen jüdischen Staat zu errichten.[14]

In der Präambel des Mandate for Palestine wird die Unterstützung für „*the establishment in Palestine of a national home for the Jewish people*" betont. Begründet wird dies mit der Erkenntnis der „*historical connection of the Jewish people with Palestine and to the grounds for reconstituting their national home in that country*".[15]

Im Laufe der 1920er und 1930er Jahre wuchs die jüdische Bevölkerung in Palästina durch die Ankunft jüdischer Immigranten an und auch die Landkäufe wurden fortgesetzt.[16]

---

9 Art. 22 IV lautet: „Certain communities formerly belonging to the Turkish Empire have reached a stage of development where their existence as independent nations can be provisionally recognized subject to the rendering of administrative advice and assistance by a Mandatory until such time as they are able to stand alone. The wishes of these communities must be a principal consideration in the selection of the Mandatory."
10 Quigley, The Case for Palestine, 2005, S. 15.
11 League of Nations, Mandate for Palestine, 1922, Präambel.
12 Quigley, The Case for Palestine, 2005, S. 8; Takkenberg, The Status of Palestinian Refugees in International Law, 1997, S. 9.
13 Quigley, The Case for Palestine, 2005, S. 8.
14 Quigley, The Case for Palestine, 2005, S. 4; Takkenberg, The Status of Palestinian Refugees in International Law, 1997, S. 8.
15 League of Nations, Mandate for Palestine, 1922, Präambel.
16 Fischbach, The Peace Process and Palestinian Refugee Claims, 2006, S. 10.

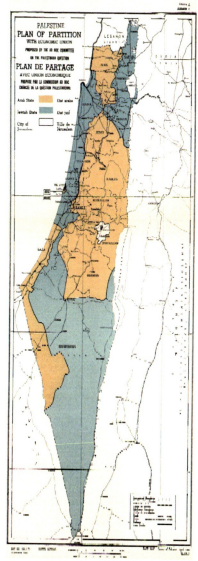

Abb. 2: Teilungsplan gem. UN GA Res. 181 (II) vom 29.11.1947
„Arab State": orange
„Jewish State": grün

Nachdem es seitens der Araber vermehrt zu Aufständen kam, aber auch zunehmend antibritische terroristische Attacken durch die jüdische Stern-Gruppe ausgeübt wurden, gab Großbritannien schließlich im Februar 1947 das Mandat über Palästina an die United Nations (UN) ab. Hinzu kam, dass der moralische Druck auf Großbritannien angesichts des Holocausts stieg, da diese Bemühungen unternommen hatten, die jüdische Immigration nach Palästina zu regulieren. Zudem nahm die pro-zionistische Einmischung seitens der USA zu.[17]

Am 29. November 1947 verabschiedete die UN Generalversammlung (GA) die Resolution 181 (II), die die Teilung Palästinas in einen arabischen und einen jüdischen Staat mit einer wirtschaftlichen Union vorsah.

Im Rahmen des mit UN GA Res. 181 (II) vorgesehenen Teilungsplans wurden etwa 55 % des Territoriums des Mandatsgebiets Palästina einer Bevölkerung zugesprochen, die zu dieser Zeit weniger als 30% der Gesamtbevölkerung Palästinas ausmachte und die bis dahin nur etwa 7 % des Landes besaßen.[18]

Der Teilungsplan wurde auf zionistischer Seite befürwortet, auf Seiten der Palästinenser und anderer arabischer Staaten hingegen abgelehnt. Am

---

17 Takkenberg, The Status of Palestinian Refugees in International Law, 1997, S. 10.
18 Said, The End of the Peace Process, 2000, S. 216.

14. Mai 1948 erklärte Ben Gurion den Staat Israel für unabhängig - woraufhin die arabischen Staaten Israel den Krieg erklärten.[19]

2. Die *Nakba*

Der Exodus der Palästinenser aus den Gebieten, die am Ende des Krieges den jüdischen Staat bildeten, verlief in mehreren Phasen, die eng mit dem Verlauf des Krieges verbunden sind. Der Zeitraum, in dem sich die Massenflucht vollzog, umfasste 20 Monate, von Ende November 1947 bis Juli 1949.[20] Morris hat herausgefunden, dass bestimmte Gründe in bestimmten Gebieten und in bestimmten Zeiträumen für die Massenflucht ausschlaggebend waren.[21]

a) Die erste Phase

Im Rahmen der ersten Phase von Dezember 1947 bis März 1948 verließen viele Familien der oberen und mittleren Schicht, insbesondere aus Jaffa, Haifa, West-Jerusalem, Ramle, Acre und Tiberias das Land.[22] In diesem Zeitraum waren vor allem interne Faktoren in den arabischen Communities, wie ein generelles Gefühl von Verfall, der Zusammenbruch von Recht und Ordnung und wirtschaftliche Probleme, für die Flucht von Bedeutung.[23] Nur eine geringe Anzahl der Flüchtlinge verließ ihre Heimat aufgrund von Ausweisungsverfügungen der jüdischen Truppen. Auch einige wenige Anweisungen in Form von unverbindlichen Ratschlägen, in sicherere Gebiete innerhalb des Landes auszuweichen, wurden von arabischen Truppen aus Sorge um die Sicherheit der Personen ausgesprochen.[24]

b) Die zweite Phase

Die zweite Phase, von April bis Juni 1948, stellt die Hauptphase des Exodus' dar. In diesen Monaten wurden 250.000 bis 300.000 Palästinenser zu Flüchtlingen.[25] Spätestens ab April 1948 herrschte insbesondere in den Städten ein generelles Gefühl des Verfalls, das Gefühl,

---

19 Ofteringer, Exkurs: Die palästinensischen Flüchtlinge nach 1948, 1997, S. 93.
20 Morris, The Birth of the Palestinian Refugee Problem, 2004, S. 6, 590.
21 Morris, The Birth of the Palestinian Refugee Problem, 2004, S.598f.
22 Morris, The Birth of the Palestinian Refugee Problem, 2004, S. 138, 590.
23 Morris, The Birth of the Palestinian Refugee Problem, 2004, S.598f.
24 Morris, The Birth of the Palestinian Refugee Problem, 2004, S. 139.
25 Morris, The Birth of the Palestinian Refugee Problem, 2004, S. 262f.

von den wohlhabenden Familien und der britischen Mandatsmacht verlassen worden zu sein.[26]

Hinzu kamen Angst und Panik vor den Offensiven und Gegenoffensiven der jüdischen Truppen. In dieser zweiten und entscheidenden Phase der *Nakba* bestand ein klarer chronologischer Zusammenhang zwischen den jüdischen Angriffen einzelner Städte und Dörfer sowie der Massenflucht der jeweiligen Einwohner. Der Fall eines Dorfes oder einer Stadt hatte wiederum Auswirkungen auf die Moral der Einwohner benachbarter Dörfer und des Hinterlands und führte zu panikartiger Flucht.[27] Obwohl von April bis Juni 1948 jüdische Attacken direkt und indirekt den Großteil des Exodus' auslösten, floh auch ein kleiner, aber signifikanter Anteil der Menschen aufgrund von Ausweisungsverfügungen und Methoden psychologischer Kriegsführung (Flüsterpropaganda).[28]

Mehrere Dutzend Dörfer, die gemäß Plan D[29] eine strategische Lage hatten, wurden von der Haganah[30] zur Evakuierung angewiesen. Viele Araber flohen aber bereits vor der Ankunft der Haganah und der Israel Defense Force (IDF[31]) oder während des Kampfes.[32]

Auch die Kommandeure arabischer Armeen und das Arab Higher Committee (AHC) ordneten im Zeitraum April bis Juli 1948 die Evakuierung mehrerer Dutzend Dörfer an, um während der Kämpfe Opfer zu vermeiden.[33]

c) Die dritte Phase

Die Monate zwischen dem Ende der ersten Waffenruhe am 8. Juli 1948 und der Unterzeichnung des israelisch-arabischen Waffenstillstandsabkommens im Frühjahr/Sommer 1949 waren gekennzeichnet durch kurze, heftige israelische Offensiven. Im Rahmen dieser Angriffe schlug die IDF die jordanische und die ägyptische Armee sowie die Arab Liberation Army (ALA) in Galiläa und eroberte große Teile des Territoriums, das laut UN-Teilungsplan für den palästinensischen Staat vorgesehen war.[34]

---

26 Morris, The Birth of the Palestinian Refugee Problem, 2004, S.591.
27 Morris, The Birth of the Palestinian Refugee Problem, 2004, S. 265, 591.
28 Morris, The Birth of the Palestinian Refugee Problem, 2004, S.591.
29 Plan D sollte für klare Kommunikationslinien und die Evakuierung bestimmter Gebiete, insbesondere wichtiger Straßen und Grenzgebiete zu arabischen Communities sorgen.
30 1920 gegründete Verteidigungsorganisation, die von der Histadrut, der Allgemeinen Föderation der Jüdischen Arbeiter in Palästina, finanziert wurde. Vgl. hierzu Schäfer, Glossar, 1997, S. 259f.
31 Im Juni 1948 aus der Haganah hervorgegangen, auch die Irgun und LEHI - beides bis 1948 bestehende terroristische zionistische Untergrundorganisation - wurden inkorporiert. Vgl. Morris, The Birth of the Palestinian Refugee Problem, 2004, S. 12; Quigley, The Case for Palestine, 2005, S. 82.
32 Morris, The Birth of the Palestinian Refugee Problem, 2004, S. 265, 591f.
33 Morris, The Birth of the Palestinian Refugee Problem, 2004, S.592.
34 Morris, The Birth of the Palestinian Refugee Problem, 2004, S. 596.

Vom 9. Juli bis 15. Oktober 1948 flohen etwa 100.000 arabische Palästinenser in das von Jordanien gehaltene östliche Palästina, den Gaza-Streifen, Libanon und das obere Galiläa.[35] In diesem Zeitraum führte die IDF eine Reihe von „*cleansing-Operationen*" durch, um aktiv oder potentiell feindselige Konzentrationen arabischer Bevölkerung im Hinterland strategischer Routen und der Frontlinien zu evakuieren. Regelmäßig verübten die IDF Razzien auf arabische Dörfer in den Gebieten rund um die nördlichen und südlichen Fronten, aber auch in arabisch-kontrolliertem Territorium wurden Dörfer überfallen und lokale Militanten und Zivilisten gleichermaßen getötet und die Häuser zerstört.[36]

d) Die vierte Phase

Die vierte Phase des Exodus' vollzog sich während der Kämpfe im Oktober und November 1948. Im Rahmen der israelischen Operationen Hiram und Yoav (ursprünglich „*Operation Ten Plagues*" genannt) wurden ca. 200.000 bis 230.000 Palästinenser aus Obergaliläa sowie aus Gebieten um den südlichen Küstenstreifen, dem Hebron-Vorgebirge, den judäischen Bergen und dem Gebiet zwischen Hebron und dem Mittelmeer vertrieben.[37]

e) Die fünfte Phase

Von November 1948 bis 1950 verfolgte Israel eine Politik der Freiräumung der neuen Grenzen von arabischen Communities. Einige wurden innerhalb Israels in andere israelisch-arabische Dörfer transferiert, andere wurden außer Landes verwiesen.[38]
Aus israelischer Sicht barg die Existenz arabischer Dörfer entlang der Grenzen die Gefahr der Infiltration, Spionage und Sabotage.[39] Allerdings scheinen - so Morris - eher politische, demographische, landwirtschaftliche und wirtschaftliche Interessen als militärische Notwendigkeit im Vordergrund gestanden zu haben. Nicht zuletzt hätte die Anwesenheit von arabischen Palästinensern in einem halb-verlassenen Dorf dazu führen können, dass dieses zukünftig wieder von zurückgekehrten Flüchtlingen bewohnt wird. Demgegenüber bedeutete die komplette Entvölkerung der Gemeinden und die Ansiedlung von jüdischen Siedlern in den Dörfern, dass potentielle Infiltranten weniger Orte gehabt hätten, zu denen sie hätten zurückkehren können. Auch die Ansiedlung von aus anderen Siedlungen vertriebenen

---

35 Morris, The Birth of the Palestinian Refugee Problem, 2004, S. 414, 448.
36 Morris, The Birth of the Palestinian Refugee Problem, 2004, S. 438, 446-448.
37 Morris, The Birth of the Palestinian Refugee Problem, 2004, S. 462f., 490-492.
38 Morris, The Birth of the Palestinian Refugee Problem, 2004, S. 505,
39 Morris, The Birth of the Palestinian Refugee Problem, 2004, S. 535.

Palästinensern in halb-leeren arabischen Dörfern bedeutete aus israelischer Sicht, dass diese dann keine weiteren Wohnkapazitäten für Rückkehrer geboten hätten.[40]

Im Rahmen der israelischen Räumaktionen der Grenzgebiete wurden schätzungsweise 30.000 bis 40.000 Palästinenser vertrieben, d.h. entweder des Landes verwiesen oder intern zwangsweise umgesiedelt.[41]

f) Massenvertreibung der palästinensischen Bevölkerung?

Der Nachweis einer tatsächlichen Vertreibung der Palästinenser durch israelische Streitkräfte ist in Anbetracht der damaligen Umstände und der langen Zeit, die seitdem verstrichen ist, äußerst schwierig zu führen. Die wohl umfangreichste historische Forschungsarbeit in diesem Zusammenhang wurde von dem bereits oben zitierten Benny Morris durchgeführt, einem israelischen Professor für Geschichte an der Ben-Gurion Universität des Negev/Beersheva, der in die Gruppe der „Neuen Historiker"[42] eingeordnet werden kann.

Die frühen Geschichtsschreiber des Staates Israel waren noch keine professionellen Historiker, sondern Zionisten,[43] so dass deren Werke entsprechend zionistisch „gefärbt", d.h. subjektiv sind. Dies erkennt auch Morris, der zu bedenken gibt, dass es sich beim Zionismus um eine ideologische Nationalbewegung handelt, die *„in einem Existenzkonflikt mit ihren Nachbarn verstrickt ist, und deren Hauptbestrebungen Überleben und Sieg sind, nicht universale Werte von Moral und Gerechtigkeit (und schon gar nicht historische Genauigkeit)".*[44] Ebenso problematisch stellt Amnon Raz-Krakotzkin, Professor für jüdische Geschichte an der Ben-Gurion Universität des Negev, die israelische Geschichtsschreibung im Zusammenhang mit dem 1948-Krieg und dessen Vermittlung in israelischen Schulen dar. Im Unterricht werde die Errichtung des Staates Israel im Sinne einer *„harmlosen Ansiedlung, die in eigenen Augen das Ergebnis einer Rückkehrbewegung des Volkes in seine Heimat ist"* dargestellt, *„eine Heimat, deren (vorhandene) Bewohner nicht relevant für eine Geschichtserzählung sind", „als wären die Palästinenser nicht existent".*[45]

---

40 Morris, The Birth of the Palestinian Refugee Problem, 2004, S. 536.
41 Morris, The Birth of the Palestinian Refugee Problem, 2004, S. 536.
42 Raz-Krakotzkin, Historisches Bewusstsein und historische Verantwortung, 1997, S. 191.
43 Gelber, Geschichtsschreibung des Zionismus, 1997, S. 15f.
44 Morris, Anmerkungen zur zionistischen Geschichtsschreibung und dem Transfergedanken, 1997, S. 50.
45 Raz-Krakotzkin, Historisches Bewusstsein und historische Verantwortung, 1997, S. 188f.

Angeblich soll in allen Geschichtsbüchern, die das israelische Education Ministry seit dem Jahr 2000 autorisiert hat, die zionistische Narrative (d.h. dass 1948 keine Vertreibung der Palästinenser stattgefunden habe) durch den kritischen Ansatz ersetzt worden sein.[46]
Inwieweit dies tatsächlich der Fall ist, kann von hier aus nicht beurteilt werden. Allerdings erscheint dies zumindest zweifelhaft, hat doch die Knesset erst am 22. März 2011 das Amendment 40 zum Budget Foundations Law - allgemein bekannt als Nakba Law - erlassen. Danach wird finanzielle Unterstützung für Organisationen oder Institutionen entzogen, wenn deren Aktivitäten den Prinzipien des Staates Israel zuwider laufen. Hierzu zählen u.a. all jene, die den Tag der Staatsgründung Israels als einen Trauertag ansehen - d.h. der *Nakba* gedenken.[47] Der Erlass dieses Gesetzes führt dazu, dass sämtliche Organisationen und Institutionen, die bislang finanzielle Leistungen von der israelischen Regierung erhalten haben, überdenken müssen, ob sie in ihrem Programm auch nur die *Nakba* erwähnen, weil dies für sie das Ende finanzieller Unterstützung durch den Staat bedeuten könnte.[48] Auch israelische Medien, wie z.B. die Zeitung Haaretz, sehen in dem Nakba Law den Versuch der Regierung, die *Nakba* aus dem kollektiven jüdisch-israelischen Bewusstsein zu verdrängen.[49]

Morris hat im Rahmen seiner Forschungsarbeit festgestellt, dass *„im Jahre 1948 (...) ein Transfer der Mehrheit der arabischen Bevölkerung aus Gebieten des neu entstandenen Staates Israel durchgeführt"* wurde.[50] Der Transfergedanke, d.h. die Entfernung der arabisch-palästinensischen Bevölkerung aus dem Gebiet des zu gründenden Staates Israel, ist laut Morris im Zionismus fest verwurzelt und entstand nicht erst im Jahr 1948. Derartige Gedanken zum Transfer der arabisch-palästinensischen Bevölkerung wurden unter Zionisten zunächst meist nur in privaten Gesprächen, Briefen oder Tagebüchern geäußert.[51] Öffentlich und halb-öffentlich wurde der Transfergedanke im Juli 1937 diskutiert, als die britische Peel-Kommission die Teilung des Mandatsgebiets Palästina in einen jüdischen und einen arabischen Staat vorschlug und dem Transfergedanken damit Legitimität verlieh. Auch wenn

---

46 Vgl. Haaretz.com, A softer touch on the Nakba, 24.01.2012.
47 Gemäß der inoffiziellen Übersetzung von Adalah wird das Budget Foundations Law 5745 – 1985 durch Amendment 40 durch Hinzufügen des Art. 3 B wie folgt geändert: "If the Minister of Finance sees that an entity has made an expenditure that, in essence, constitutes one of those specified below (in this section - an unsupported expenditure) he is entitled (...) to reduce the sums earmarked to be transferred from the state budget to this entity under any law:
(1) Rejecting the existence of the state of Israel as a Jewish and democratic state, (…)
(4) Commenorating Independence Day or the day of the establishment of the state as a day of mourning."
48 ACRI/Adalah, The Nakba Law and its implications, 2011.
49 Haaretz.com, A softer touch on the Nakba, 24.01.2012.
50 Morris, Anmerkungen zur zionistischen Geschichtsschreibung und dem Transfergedanken, 1997, S. 45.
51 Morris, Anmerkungen zur zionistischen Geschichtsschreibung und dem Transfergedanken, 1997, S. 45.

in dem Vorschlag von Peel offiziell die Rede von einem Bevölkerungsaustausch war, war jedoch tatsächlich *„ein Transfer bzw. eine Massenvertreibung von Arabern beabsichtigt"*.[52] Der Teilungsplan wurde von dem zionistischen Führer und späteren israelischen Premierminister Ben-Gurion unter der Bedingung der Entfernung der Araber aus dem für den Staat Israel vorgesehenen Gebiet akzeptiert, sollte aber nur einen ersten Schritt im Hinblick auf die *„Verwirklichung des Zionismus"* darstellen, *„dessen Ziel die Erlangung der Kontrolle über ganz Palästina und auch Teile Transjordaniens war"*.[53]

Nachdem sich Großbritannien im Jahr 1938 von dem Vorschlag der Peel-Kommission distanziert hatte, wurde der Transfergedanke von den Zionisten nicht mehr öffentlich geäußert und nach Gründung des Staates Israel *„setzten die zionistischen Führer ihre Bemühungen fort, die Dinge, die sie vor 1948 zu dem Thema gesagt hatten, zu vertuschen"*.[54] Dies heißt aber – laut Morris – nicht, dass Ben-Gurion den Gedanken des freiwilligen oder zwangsweisen Transfers der arabischen Bevölkerung aufgegeben hatte, sondern nur, dass er sich hütete ihn öffentlich zu befürworten.[55] Nichtsdestotrotz fand Morris heraus, dass die tatsächliche Massenflucht der arabisch-palästinensischen Bevölkerung aus dem Gebiet des heutigen Staates Israel im Jahr 1948 nicht das Ergebnis und *„nicht die Umsetzung einer systematischen Planung der Transfer-Bestrebungen"* war, sondern *„mehr Einflüssen unterworfen und stärker vom Zufall bestimmt"* war.[56]

Auch wenn die *Nakba* von 1948 nur in bestimmten Gebieten das Ergebnis eines gezielten Vertreibungsplans durch israelische Kräfte war, so kam doch in anderen Gebieten *„der Zufall"* – wie Morris es formuliert – den israelischen Führern mit Blick auf den Transfergedanken entgegen. Vor dem Hintergrund des von den zionistischen Führern befürworteten Transfers der arabischen Bevölkerung aus Israel brauchte Israel also nun nur noch die dargestellten Umstände zu nutzen und den Geflohenen die Wiedereinreise zu verweigern. Dies tut Israel nun seit 64 Jahren, indem es allen Palästinensern, die 1948 geflohen sind und deren Nachkommen die Rückkehr verweigert. Dass Israel die *Nakba* zum eigenen Vorteil – d.h. mit Blick auf den Transfergedanken – genutzt hat, geht aus dem Wortlaut des Art. 3 Abs. A Nationality Law hervor, in dem verlangt wird, dass die vormals palästinensischen Staatsangehörigen zur Erlangung der israelischen Staatsangehörigkeit u.a. im Zeitraum vom

---

52 Morris, Anmerkungen zur zionistischen Geschichtsschreibung und dem Transfergedanken, 1997, S. 46.
53 Morris, Anmerkungen zur zionistischen Geschichtsschreibung und dem Transfergedanken, 1997, S. 46.
54 Morris, Anmerkungen zur zionistischen Geschichtsschreibung und dem Transfergedanken, 1997, S. 46f.
55 Morris, Anmerkungen zur zionistischen Geschichtsschreibung und dem Transfergedanken, 1997, S. 61.
56 Morris, Anmerkungen zur zionistischen Geschichtsschreibung und dem Transfergedanken, 1997, S. 62.

14. Mai 1948 bis 1. April 1952 das Gebiet des israelischen Staates nicht verlassen haben dürfen.

Um es mit den Worten von Yosef Weitz, einem Landexperten des JNF, auszudrücken: „*The flight of the Arabs came like a gift from heaven, and we should not belittle it.*"[57] Auch Chaim Weizmann, ein zionistischer Führer und erster Präsident Israels sprach gegenüber dem ersten amerikanischen Botschafter in Israel, James G. McDonald, davon, dass die Massenflucht der Palästinenser eine „*miraculous simplification of our tasks*" darstellte.[58]

3. Ereignisse von 1949 - 1967

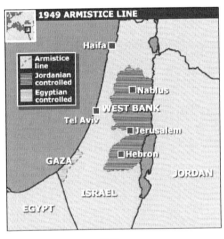

Abb. 3: Green Line von 1949

Am Ende des Krieges hatte Israel durch die 1949er Waffenstillstandslinie, die sog. „*Green Line*", ein größeres Territorium als das im UN-Teilungsplan vorgesehene Gebiet, erobert.[59] Nach dem Krieg kontrollierte Israel drei Viertel des ehemaligen Mandatsgebiets Palästina. Der im UN-Teilungsplan vorgesehene palästinensische Staat entstand hingegen nicht. Das verbliebene Viertel des ehemaligen Mandatsgebiets, kam unter arabische, nicht-palästinensische Kontrolle.[60] Der Gaza-Streifen wurde von Ägypten verwaltet und das Westjordanland wurde im April 1950 von Jordanien annektiert.[61]

Seit dem 16. Juni 1948, mit Erlass einer Kabinettsentscheidung, verhindert Israel die Rückkehr der palästinensischen Flüchtlinge in ihre ursprünglichen Wohngebiete.[62] Auch eine unbekannte Anzahl arabischer Palästinenser, die zur Zeit der *Nakba* im Ausland aufhältig war,

---

57 Weitz, The Struggle for the Land, 1950, zitiert nach: Fischbach, The Peace Process and Palestinian Refugee Claims, 2006, S. 11.
58 McDonald, My Mission in Israel 1948-1951, zitiert nach: Fischbach, Records of Dispossession, 2003, S. 8.
59 Gans, A Just Zionism, 2008, S. 81.
60 Fischbach, The Peace Process and Palestinian Refugee Claims, 2006, S. 10.
61 Quigley, The Case for Palestine, 2005, S. 153; Shemesh, Bilateral and Trilateral Political Cooperation, 2008, S. 30,33.
62 Fischbach, The Peace Process and Palestinian Refugee Claims, 2006, S. 12; Fischbach, Records of Dispossession, 2003, S.19.

konnte in der Folge nicht in die Heimatorte in Israel zurückkehren. Diese Personen wurden zu Flüchtlingen *sur place*.[63]

Kurz darauf, am 21. Juni 1948 erließ das Kabinett die sog. Abandoned Property Ordinance, um rechtliche Zuständigkeit über das zurückgelassene palästinensische Eigentum zu erlangen. Am 24. Juni 1948 folgte der Erlass des Abandoned Areas Ordinance, wonach nicht nur über zurückgelassenes Eigentum der Palästinenser, sondern auch über ganze verlassene Gebiete verfügt werden konnte.[64]

Am 2. Dezember 1948 wurde das Emergency Regulation (Absentees' Property) Law erlassen, wonach der Staat jedwedes Eigentum eines sog. Absentees konfiszieren konnte. Dieses Gesetz legte die Basis für das Verständnis, dass das Eigentum der Flüchtlinge nicht nur vorübergehend, sondern endgültig zurückgelassen wurde.[65] Nach diesem Gesetz war ein Verkauf des konfiszierten Landes durch die Custodian of Absentees' Property allerdings nicht erlaubt.[66] Das änderte sich mit Verabschiedung des Absentees' Property Law vom 14. März 1950. Gem. Art. 1 Abs. b des Absentees' Property Law von 1950 wird ein "*Absentee*" definiert als „*a person who, (...) was a legal owner of any property situated in the area of Israel (...) and who, at any time during the said period (...) (iii) was a Palestinian citizen and left his ordinary place of residence in Palestine (a) for a place outside Palestine before the 27th Av, 5708 (1st September, 1948); or (b) for a place in Palestine held at the time by forces which sought to prevent the establishment of the State of Israel or which fought against it after its establishment.*"

Mit Erlass des Gesetzes sollte ganz konkret verhindert werden, dass Flüchtlinge ihr Eigentum an zurückgebliebene Verwandte übertragen oder an Personen verkaufen, die in Israel verblieben sind und die ihnen dann den Verkaufserlös außer Landes transferieren.[67]

Gem. Art. 19 des Absentees' Property Law konnte das konfiszierte und durch die Custodian of Absentees' Property verwaltete Land nun an eine sog. Development Authority verkauft werden.

Neben der Development Authority kaufte auch der JNF große Mengen an konfisziertem Flüchtlingsland auf, obwohl das Land nach dem Absentees' Property Law nur an die Development Authority verkauft werden durfte. Aus diesem Grund wurde das konfiszierte

---

63 BADIL, Survey of Palestinian Refugees and Internally Displaced Persons 2008-2009, S. 61.
64 Fischbach, The Peace Process and Palestinian Refugee Claims, 2006, S. 14.
65 Fischbach, The Peace Process and Palestinian Refugee Claims, 2006, S. 14; Fischbach, Records of Dispossession, 2003, S. 21, 23.
66 Fischbach, The Peace Process and Palestinian Refugee Claims, 2006, S. 14.
67 Fischbach, Records of Dispossession, 2003, S. 25.

Land zunächst an die Development Authority verkauft und im Anschluss daran an den JNF transferiert.[68] Gem. Art. 3 IV des Development Authority (Transfer of Property) Law 5710-1950 konnte die Development Authority das Land nur an „*the State, to the Jewish National Fund, to an institution approved by the Government (...) as an institution for the settlement of landless Arabs or to a local authority*" veräußern, also nicht an Privatpersonen.

Wie bereits oben erwähnt, durfte das vom JNF gekaufte Land niemals weiterverkauft, sondern lediglich an Juden verpachtet werden, die sich verpflichteten, auf dem Land nur jüdische Arbeiter einzustellen. So sollte sichergestellt werden, dass das Land auf ewig in jüdischer Hand blieb. Der JNF kaufte so viel Land wie möglich, weil er die Befürchtung hegte, dass der Staat Israel - der sich auch als demokratischer Staat versteht - möglicherweise einmal gezwungen sei, das Land für Entwicklungsprojekte zwischen Juden und Nicht-Juden gleichermaßen aufzuteilen. Der JNF hingegen brauchte derartige Diskriminierungsvorwürfe nicht zu fürchten. Er konnte ganz offen und frei die Landnutzung exklusiv nur für Juden vorsehen.[69] Die riesigen Geldsummen, mit denen der JNF das Land kaufte, stammten von Juden aus der Diaspora. Beispielsweise stellte der American JNF im Zeitraum 1910 bis Mitte 1948 insgesamt $85.760.732 für Landkäufe zur Verfügung. Juden aus Kanada spendeten dem JNF 1948 insgesamt $132.410. Juden aus Südafrika spendeten £154.072 und britische Juden stellten dem JNF insgesamt £2.047.000 zur Verfügung.[70]

Das Land und das Eigentum der palästinensischen Flüchtlinge wurde für die Aufnahme der jüdischen Holocaust-Flüchtlinge und der mehr als 800.000 Juden, die im Kontext des arabisch-israelischen Konflikts ihre arabischen Heimatländer verließen, um nach Israel zu immigrieren, genutzt.[71] Im Jahr 1954 lebte etwa ein Drittel der jüdisch-israelischen Bevölkerung auf konfisziertem Flüchtlingseigentum.[72]

---

68 Fischbach, The Peace Process and Palestinian Refugee Claims, 2006, S. 15; Fischbach, Records of Dispossession, 2003, S. 27.
69 Fischbach, Records of Dispossession, 2003, S. 59f.
70 Fischbach, Records of Dispossession, 2003, S. 64.
71 Ofteringer, Exkurs: Die palästinensischen Flüchtlinge nach 1948, 1997, S. 94; Fischbach, The Peace Process and Palestinian Refugee Claims, 2006, S. 13.
72 Fischbach, The Peace Process and Palestinian Refugee Claims, 2006, S. 15.

4. Ereignisse ab 1967

Abb. 4: von Israel 1967 besetzte Gebiete

Die *Green Line* stellte Israels Grenze bis zum Sechs-Tage Krieg 1967 dar.[73] Im Sechs-Tage Krieg vom 4. bis 10. Juni 1967 besetzte Israel das Westjordanland und den Gaza-Streifen (OPT)[74], so dass Jordanien auf seine Grenze von 1949 zurück schrumpfte.[75] Der 1967-Krieg und die folgende israelische Besatzung des Westjordanlands und des Gaza-Streifens führte dazu, dass viele 1948-Flüchtlinge, die dort Zuflucht gefunden hatten, auch diese Gebiete verließen und in die Nachbarländer, insbesondere nach Jordanien, flohen.[76]

---

73 Gans, A Just Zionism, 2008, S. 81.
74 Im Folgenden wird die englische Abkürzung OPT, d.h. occupied Palestinian territories, für die besetzten palästinensischen Gebiete verwendet.
75 Quigley, The Case for Palestine, 2005, S.162; Shemesh, Bilateral and Trilateral Political Cooperation, 2008, S. 30.
76 BADIL, Survey of Palestinian Refugees and Internally Displaced Persons 2008-2009, S. 62.

III. Begriffsbestimmung

Da keine allgemein anerkannte Definition des Begriffs „*palästinensischer Flüchtling*" existiert,[77] muss an dieser Stelle zunächst geklärt werden, was darunter zu verstehen ist.

Das Mandat der United Nations Relief and Works Agency for Palestine Refugees in the Near East (UNRWA), die ihre Tätigkeit am 1. Mai 1950 aufnahm[78] umfasst den Schutz sowie Hilfs- und Unterstützungsleistungen für die sog. Palästina-Flüchtlinge, aber auch für „*other persons of concern in its Area of Operations*".[79]

Gemäß der Arbeitsdefinition von UNRWA sind „*Palästina-Flüchtlinge*" all jene Personen, die im Zeitraum 1. Juni 1946 bis 15. Mai 1948 ihren normalen Wohnort in Palästina hatten und die sowohl ihr Heim als auch ihre Existenzgrundlage in Folge des arabisch-israelischen Konflikts 1948 verloren haben („*persons whose normal place of residence was Palestine during the period 1 June 1946 to 15 May 1948, and who lost both home and means of livelihood as a result of the 1948 conflict*").[80] Auch die Nachkommen in männlicher Linie der sog. Palästina-Flüchtlinge, die im Gaza-Streifen, dem Westjordanland, Jordanien, Syrien oder dem Libanon leben, sind zur Registrierung bei UNRWA berechtigt.[81] Die Kinder „erben" sozusagen den UNRWA-Status des Vaters.

Personen, die infolge des 1967-Konflikts und späterer Feindseligkeiten vertrieben worden sind und dringend weiter Hilfe benötigen, sind zwar berechtigt, Leistungen von UNRWA zu erhalten, sind aber nicht offiziell registriert („*non-registered persons*").[82] Sie werden gemeinhin als „*displaced persons*" (Vertriebene) bezeichnet[83], weil das Westjordanland zu dieser Zeit von Jordanien annektiert war und der Gaza-Streifen von Ägypten verwaltet wurde. Die Personen, die vom Gaza-Streifen nach Ägypten flohen und die Personen, die aus dem Westjordanland nach Jordanien flohen, haben somit also keine internationale Grenze überquert, sondern haben formalrechtlich gesehen im Inland Zuflucht gesucht.[84]

Der in der vorliegenden Studie verwendete Begriff des „*palästinensischen Flüchtlings*" ist zwar im Wesentlichen deckungsgleich mit dem Mandat von UNRWA, erschöpft sich aber

---

77 Takkenberg, The Status of Palestinian Refugees in International Law, 1997, S. 49.
78 UNRWA, UNRWA at a glance, 2001, S.2.
79 UNRWA, CERI, 2009, Ziff. I.
80 UNRWA, CERI, 2009, Ziff. III A 1.
81 UNHCR, Note über die Anwendbarkeit von Artikel 1 D GFK auf palästinensische Flüchtlinge, 2002, S. 3; UNHCR, Überarbeitete Stellungnahme zur Rechtsstellung palästinensischer Flüchtlinge unter UNRWA-Mandat, 2000, S.3; UNRWA, CERI, 2009, Ziff. III A 1.; UNRWA, UNRWA at a glance, 2001, S.2.
82 UNRWA, CERI, 2009, Ziff. III B.
83 UNRWA, CERI, 2009, Ziff. III B.
84 Miller, Die Frage der Rückkehr palästinensischer Flüchtlinge, 2007, S. 126; Takkenberg, The Status of Palestinian Refugees in International Law, 1997, S. 52.

nicht in diesem, sondern geht darüber hinaus. Das Mandat der UNRWA ist geografisch beschränkt. Daher umfasst die hier verwendete Begrifflichkeit auch all jene Palästinenser, die in Folge des 1948-Konfliktes oder des Sechs-Tage-Krieges von 1967 in anderen Ländern, die nicht zum Operationsgebiet von UNRWA gehören, Zuflucht suchten.

Der Personenkreis der palästinensischen Flüchtlinge im hier verwendeten Sinn ist also auch keinesfalls deckungsgleich mit den bei UNRWA registrierten Personen, da dies nur die sog. Palästina-Flüchtlinge und deren Nachkommen in männlicher Linie sind. Hinzu kommen Palästinenser, die zwar in das Operationsgebiet von UNRWA geflohen sind, sich aber nicht bei UNRWA haben registrieren lassen, weil sie nicht bedürftig waren.[85]

In der vorliegenden Studie werden also Personen,

- die in Folge des 1948-Krieges aus den Landesteilen flohen, die später den Staat Israel formten und die im Gaza-Streifen und den Westjordanland Zuflucht fanden als „*palästinensische Flüchtlinge*" bezeichnet, genauso wie diejenigen,
- die in andere Länder – unabhängig davon, ob diese zum Mandatsgebiet von UNRWA gehören – flohen.

Auch Personen,

- die als 1948-Flüchtlinge im Westjordanland und dem Gaza-Streifen lebten und in Folge des 1967-Krieges zum zweiten Mal flohen, diesmal aber z.B. nach Jordanien,

gehören zu dem Personenkreis, der als „*palästinensischer Flüchtling*" angesehen wird.

Der engen Begriffsbestimmung, nach der Palästinenser,

- die in Folge des 1967-Krieges zum ersten Mal aus dem Gaza-Streifen oder dem Westjordanland flohen,

als „*displaced persons*" und nicht als „*palästinensische Flüchtlinge*" bezeichnet werden, wird in der vorliegenden Studie nicht gefolgt.

Aus hiesiger Sicht ist nicht nachvollziehbar, warum die Begrifflichkeit „*palästinensische Flüchtlinge*" nur die sog. Palästina-Flüchtlinge umfassen soll. Der Unterschied zwischen beiden Personengruppen liegt lediglich im Zeitpunkt der Flucht, dem Umstand der veränderten Machtverhältnisse und damit einhergehend dem Überqueren, bzw. Nicht-Überqueren einer Grenze. Die Situation der beiden Personengruppen ist aber im Wesentlichen vergleichbar. Außerdem haben Palästinenser, die aus dem Gaza-Streifen beispielsweise nach Jordanien oder den Libanon geflohen sind, bei der Flucht sehr wohl eine Grenze überquert und sind eigentlich keine „*Binnenvertriebenen*".

---

85 Vgl. auch Miller, Die Frage der Rückkehr palästinensischer Flüchtlinge, 2007, S. 123, die sich in diesem Zusammenhang allerdings nur auf 1948-Flüchtlinge bezieht.

Daher werden diese Personen in der vorliegenden Studie ebenfalls in den Begriff „*palästinensischer Flüchtling*" mit einbezogen. Sofern erforderlich, wird explizit entweder auf 1948-Flüchtlinge oder auf 1967-Flüchtlinge, bzw. *displaced persons* Bezug genommen.

IV. Statistischer Überblick

Es wird geschätzt, dass etwa 65 % der 1948-Flüchtlinge im Westjordanland und dem Gaza-Streifen Zuflucht fanden. Aufgrund des massiven Flüchtlingszustroms stieg die palästinensische Bevölkerung im Westjordanland von 460.000 auf 740.000 Einwohner an. Im Gaza-Streifen hatte der Flüchtlingsstrom im Zusammenhang mit dem 1948-Koflikt noch dramatischere Auswirkungen. Dort hat sich die Bevölkerung fast vervierfacht. Etwa 35% der 1948-Flüchtlinge fanden in den Nachbarstaaten Jordanien, Libanon, Syrien und Ägypten Zuflucht.[86]

Gemäß BADIL hatten sich im Jahr 1950 insgesamt 914.221 palästinensische 1948-Flüchtlinge bei UNRWA registriert, etwa 304.740 Flüchtlinge hatten sich nicht-registrieren lassen.[87] Im Jahr 1970 hatte sich die Zahl der bei UNRWA registrierten 1948-Flüchtlinge bereits auf 1.425.219 Personen erhöht. Zu diesem Zeitpunkt hat sich die Zahl der 1948-Flüchtlinge, die sich nicht bei UNRWA hat registrieren lassen auf 475.073 erhöht.[88] Daneben gab es zu diesem Zeitpunkt 266.092 Palästinenser, die in Folge des 1967-Konflikts zu Flüchtlingen wurden.[89]

Im Laufe der Jahre sind die Zahlen der palästinensischen Flüchtlinge insbesondere durch Geburten weiter angestiegen. Ende 2008 waren mindestens 6,6 Millionen von insgesamt 10,6 Millionen Palästinensern Flüchtlinge, d..h. ca. 62 % der palästinensischen Bevölkerung.[90] Die Gruppe der 1948-Flüchtlinge und deren Nachkommen stellt dabei mit 5,7 Millionen Personen die größte Gruppe dar, gefolgt von 955.247 Palästinensern, die 1967 vertrieben worden sind und deren Nachkommen.[91]

Mit Stand vom 1. Januar 2011 waren bei UNRWA insgesamt 4.966.664 palästinensische (1948-)Flüchtlinge registriert.[92]

Die bei UNRWA registrierte palästinensische Flüchtlings-bevölkerung hat sich im Vergleich zum Vorjahr um 4,2% vergrößert.[93]

---

86 BADIL, Survey of Palestinian Refugees and Internally Displaced Persons 2008-2009, S. 61.
87 BADIL, Survey of Palestinian Refugees and Internally Displaced Persons 2008-2009, S. 58.
88 BADIL, Survey of Palestinian Refugees and Internally Displaced Persons 2008-2009, S. 58.
89 BADIL, Survey of Palestinian Refugees and Internally Displaced Persons 2008-2009, S. 58.
90 BADIL, Survey of Palestinian Refugees and Internally Displaced Persons 2008-2009, S. 57.
91 BADIL, Survey of Palestinian Refugees and Internally Displaced Persons 2008-2009, S. 57.
92 UNRWA, UNRWA in Figures, Stand: 01.01.2011, S. 1.
93 UNRWA, UNRWA in Figures, Stand: 01.01.2011, S. 1.

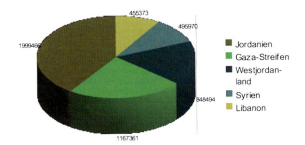

Abb. 5: Anzahl der palästinensischen Flüchtlinge, die bei UNRWA registriert sind

Palästinensische Flüchtlinge stellen nicht nur weltweit die größte Flüchtlingsgruppe dar, sondern auch die größte, die in Flüchtlingslagen lebt.[94]

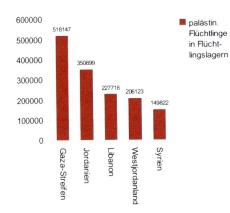

Abb. 6: Anzahl der palästinensischen Flüchtlinge, die in einem Flüchtlingslager leben

Von den insgesamt 4.966.664 bei UNRWA registrierten palästinensischen Flüchtlingen leben 1.452.709 in insgesamt 58 Flüchtlingslagern im Gaza-Streifen und dem Westjordanland sowie in den Nachbarländern Jordanien, Syrien und Libanon. Dies entspricht 30,5% der gesamten bei UNRWA registrierten palästinensischen Flüchtlingsbevölkerung.[95]

---

94 Vgl. UNHCR Globel Trends 2010, Annex, Tabelle 17.
95 UNRWA, UNRWA in Figures, Stand: 01.01.2011, S. 1.

Neben den 58 offiziellen UNRWA-Flüchtlingslagern gibt es zumindest 17 inoffizielle Lager, in denen hunderttausende palästinensischer Flüchtlinge leben. Bei der Mehrzahl der Personen, die in den offiziellen Camps leben, handelt es sich um 1948-Flüchtlinge und deren Nachkommen.[96]

Die frühere Dorfstruktur ist auch nach 60 Jahren im Exil in vielen Fällen bis zu einem gewissen Grad noch intakt, da die Mehrzahl der Bewohner eines Dorfes in Folge des 1948-Krieges in die gleiche Region eines Nachbarlandes geflohen sind.[97] Dies wird vor allem in der Struktur der Flüchtlingslager deutlich, die in verschiedene Viertel gemäß früherer Dörfer aufgeteilt sind.[98]

---

[96] BADIL, Survey of Palestinian Refugees and Internally Displaced Persons 2008-2009, S. 64.
[97] BADIL, Survey of Palestinian Refugees and Internally Displaced Persons 2008-2009, S. 64.
[98] BADIL, Survey of Palestinian Refugees and Internally Displaced Persons 2008-2009, S. 64.

V. Lage der palästinensischen Flüchtlinge in den Zufluchtsstaaten/-gebieten

1. Lage im Westjordanland

Laut CIA World Factbook hat das Westjordanland eine Gesamtbevölkerung von 2.568.555 Einwohnern (Stand: Juli 2010), von denen ca. 311.100 Personen israelische Siedler sind (Stand: 2010). In Ost-Jerusalem leben ca. 192.800 israelische Siedler (Stand: Juli 2011).[99]

Legt man die o.g. Bevölkerungszahlen, abzüglich der israelischen Siedler, und die Zahl der bei UNRWA registrieren palästinensischen Flüchtlinge zugrunde, ergibt sich, dass etwa 41% der palästinensischen Bevölkerung im Westjordanland Flüchtlinge sind.

Im Westjordanland leben ca. 17% aller bei UNRWA registrierten palästinensischen Flüchtlinge. Von diesen insgesamt 848.494 Personen leben 26,5% in den 19 offiziellen Flüchtlingslagern im Westjordanland. Die palästinensische Flüchtlingsbevölkerung im Westjordanland ist – mit einem Zuwachs von 8,9% - diejenige, die im Jahr 2010 am stärksten angewachsen ist.[100]

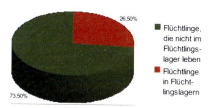

Abb. 7: Registrierte Flüchtlinge im Westjordanland

2. Lage im Gaza-Streifen

Etwa 24% aller bei UNRWA registrieren palästinensischen Flüchtlinge leben im Gaza-Streifen. Die palästinensische Flüchtlingsbevölkerung ist dort im Jahr 2010 noch einmal um 5,5% angewachsen.[101]

---

99 CIA, World Factbook, Israel, 07.12.2011; CIA, World Factbook, West Bank, 20.12.2011.
100 UNRWA, UNRWA in Figures, Stand: 01.01.2011, S. 1.
101 UNRWA, UNRWA in Figures, Stand: 01.01.2011, S. 1.

Fast die Hälfte (46,8%) der 1.167.361 dort registrierten Flüchtlinge leben in den 8 Camps im Gaza-Streifen.[102]

Die Zahl der Flüchtlinge im Gaza-Streifen ist beachtlich, wenn man bedenkt, dass der Gaza-Streifen eine Gesamtbevölkerung von 1.657.155 Personen (Stand: Juli 2011) hat.[103] Legt man diese Zahlen zugrunde, ergibt sich, dass mehr als 70% der Bevölkerung des Gaza-Streifens registrierte 1948-Flüchtlinge sind.

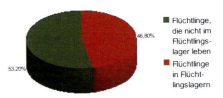

Abb. 8: Registrierte Flüchtlinge im Gaza-Streifen

3. Lage in Jordanien

Etwa 40% der bei UNRWA registrierten Flüchtlinge leben in Jordanien. 1.999.466 palästinensische Flüchtlinge waren am 1. Januar 2011 in Jordanien bei UNRWA registriert.[104] Die bei UNRWA registrierte palästinensische Flüchtlingsbevölkerung ist im Vergleich zum Vorjahr um 0,8% angewachsen.[105]

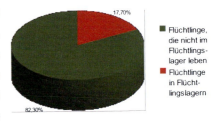

Abb. 9: Registrierte Flüchtlinge in Jordanien

Insgesamt 350.899 Palästinenser leben in den 10 offiziellen Flüchtlingslagen in Jordanien. Dies entspricht 17,7% der bei UNRWA in Jordanien registrieren palästinensischen Flüchtlinge.[106]

---

102 UNRWA, UNRWA in Figures, Stand: 01.01.2011, S. 1.
103 Vgl. CIA, World Factbook, Gaza Strip, 20.12.2011.
104 UNRWA, UNRWA in Figures, Stand: 01.01.2011, S. 1.
105 UNRWA, UNRWA in Figures, Stand: 01.01.2011, S. 1.
106 UNRWA, UNRWA in Figures, Stand: 01.01.2011, S. 1.

Die jordanische Regierung hat allen 1948-Flüchtlingen, die nach Jordanien flohen, die jordanische Staatsangehörigkeit verliehen. Gem. Art. 3 II des Law No. 6 of 1954 on Nationality haben alle Personen, die nicht jüdischer Religionszugehörigkeit waren, die vor dem 15. Mai 1948 palästinensische Staatsangehörige waren und in der Zeit vom 20. Dezember 1949 bis 16. Februar 1954 in Jordanien lebten, die jordanische Staatsangehörigkeit erhalten.[107]

Laut Zensus 2004 lebten in Jordanien 5.074.272 Personen, von denen 4.681.969 Jordanier waren.[108] Beinahe die Hälfte der jordanischen Bevölkerung sind also 1948-Flüchtlinge und deren Nachkommen, die die jordanische Staatsbürgerschaft erhalten haben.

Obwohl der Großteil der palästinensischen Flüchtlinge in Jordanien die jordanische Staatsangehörigkeit bekommen hat, betrachtet die Palestine Liberation Organization (PLO) diese weiter als palästinensische Staatsangehörige. Im Nachgang zur Declaration of Principles (DOP bzw. Oslo-Abkommen) schlug die PLO der jordanischen Regierung vor, dass die Palästinenser neben dem jordanischen Pass auch berechtigt sein sollen, Inhaber eines von der Palestinian Authority (PA) ausgestellten Dokuments zu sein. Bislang wurde keine Einigung erzielt in Bezug auf die Problematik jordanische Staatsangehörigkeit vis-à-vis palästinensischer ethnischer Identität.[109] Die Palästinenser sollen aber das Recht haben, zwischen jordanischer oder palästinensischer Staatsangehörigkeit zu wählen.[110]

Laut UNRWA haben ca. 140.000 Flüchtlinge, die im Rahmen des 1967-Konflikts aus dem von Ägypten verwalteten Gaza-Streifen flohen, nicht die volle jordanische Staatsbürgerschaft bekommen. Diese Personen sind vom Wahlrecht sowie dem Recht, für den jordanischen Staat zu arbeiten, ausgeschlossen.[111]

---

107 Art. 3 II des Law No.6 of 1954 on Nationality lautet: „The following shall be deemed to be Jordanian nationals: (...) Any person who, not being Jewish, possessed Palestinian nationality before 15 May 1948 and was a regular resident in the Hashemite Kingdon of Jordan between 20 December 1949 and 16 February 1954."
108 Jordanian Department of Statistics, Population and Housing Census 2004, Table 3.1, S. 1.
109 Klein, Operating the Triangle by Bilateral Agreements, 2008, S. 48.
110 Ofteringer, Palästinensische Flüchtlinge, Friedensprozess und internationale Flüchtlingspolitik, 1997, S. 76.
111 UNRWA, Where UNRWA works, Jordan, Stand: 31.12.2010.

 Die 1967-Flüchtlinge aus dem Gaza-Streifen haben von der jordanischen Regierung einen temporären jordanischen Pass bekommen. Der Pass ist 2 Jahre gültig und enthält zur schnellen Identifikation einen Stempelvermerk mit der Aufschrift „GAZA". Zur Verlängerung des Passes ist u.a. eine Vorsprache beim jordanischen Geheimdienst notwendig. Zudem ist es den 1967-Flüchtlingen aus dem Gaza-Streifen nach hier vorliegenden Erkenntnissen aus persönlichen Gesprächen mit Betroffenen mit diesem Pass nicht erlaubt, das Land zu verlassen. Dies gelte auch für Kurzzeitaufenthalte zu touristischen Zwecken in den Nachbarländern. Die Personen sollen bei dem Versuch der Ausreise von jordanischen Beamten abgewiesen worden sein.

Abb. 10: Kopie eines jordanischen Passes eines 1967-Flüchtlings aus Gaza, die aus Datenschutzgründen bearbeitet wurde

Hinzu kommt, dass diese Personen zunehmend Schwierigkeiten haben, Visa für andere Staaten zu bekommen.[112]

Jordanien gilt als eine höchst patriarchalische Gesellschaft, in der Religion, Identität und Staatsangehörigkeit vom Vater auf die Kinder weitergegeben werden.[113] Nach dem Personal Status Law von 1976 ist der Vater das Oberhaupt der Familie, dieser hat gem. Art. 154 Personal Status Law das Sorgerecht über die Kinder[114] und gem. Art. 9 des Law No. 6 of 1954 on Nationality erhalten Kinder vom jordanischen Vater die jordanische Staatsangehörigkeit. Nach jordanischem Familienrecht, das der Shari'a entlehnt ist, „folgen" die Kinder also dem Vater. Dies bedeutet beispielsweise wenn der Vater ein 1948-Flüchtling oder ein Nachkomme ist und die Mutter ein 1967-Flüchtling aus Gaza ist, dass die Kinder den Status als 1948-Flüchtling und damit die volle jordanische Staatsangehörigkeit erhalten. Umgekehrt erhalten die Kinder einer Mutter, die 1948-Flüchtling bzw. Nachkomme ist und einem Vater, der ein 1967-Flüchtling aus Gaza (bzw. Nachkomme in männlicher Linie) ist, nicht die volle jordanische Staatsangehörigkeit. Sie erhalten ebenso wie ihr Vater den temporären Pass mit

---

112 Ofteringer, Palästinensische Flüchtlinge, Friedensprozess und internationale Flüchtlingspolitik, 1997, S. 86.
113 OECD, Gender Equality and Social Institutions in Jordan; Tabet, Women in Personal Status Laws, 2005, S. 8.
114 Tabet, Women in Personal Status Laws, 2005, S. 12.

Stempelvermerk. Sind diese Kinder Jungen, so werden auch sie diesen „Status" an ihre Kinder weitergeben.

4. Lage im Libanon

Der Libanon hat eine Gesamtbevölkerung von 4.143.101 Einwohnern (Stand: Juli 2011) - 59,7% sind muslimischer[115] und 39% christlicher[116] Religionszugehörigkeit.[117]
Laut UNRWA lebten Anfang 2011 insgesamt 9% der registrierten palästinensischen Flüchtlingsbevölkerung im Libanon. Die registrierte palästinensische Flüchtlingsbevölkerung ist dort im Jahr 2010 im Vergleich zum Vorjahr um 6,9% auf 455.373 Personen angestiegen.[118]

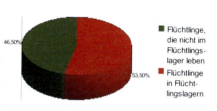

Abb. 11: Registrierte Flüchtlinge im Libanon

Im Libanon existieren 12 offizielle Camps, in denen 53,5% der registrierten palästinensischen Flüchtlinge leben. In keinem der anderen Operationsgebiete von UNRWA lebt ein so hoher Anteil der palästinensischen Flüchtlinge in Flüchtlingslagern.[119] Dass ein so hoher Prozentsatz der Personen in Flüchtlings-camps lebt, ist den Einschränkungen der Bewegungsfreiheit der palästinensischen Flüchtlinge durch die libanesische Regierung, dem Mangel an Ressourcen für alternative Unterkünfte außerhalb der Lager sowie den Sorgen um die physische Sicherheit geschuldet.[120]

Aufgrund des empfindlichen konfessionellen Proporzsystems[121] im Libanon hat die maronitisch-christliche Elite eine privilegierte Stellung inne. Die Anwesenheit der palästinensischen Flüchtlinge, die mehrheitlich sunnitisch-muslimischer Religions-

---

115 Shiiten, Sunniten, Drusen, Isma'iliten, Alawiten und Nusayriten.
116 Maronitisch-katholisch, griechisch-orthodox, römisch-katholisch, u.a.
117 CIA, World Factbook, Lebanon, 20.12.2011.
118 UNRWA, UNRWA in Figures, Stand: 01.01.2011, S. 1.
119 UNRWA, UNRWA in Figures, Stand: 01.01.2011, S. 1.
120 BADIL, Survey of Palestinian Refugees and Internally Displaced Persons 2008-2009, S. 66.
121 Grundlage des politischen Systems im Libanon ist der Koonfessionalismus, d.h. die Vergabe aller Staats- und Verwaltungsämter erfolgt nach konfessioneller Zugehörigkeit. Zudem ist vorgeschrieben, dass der Staatspräsident ein Maronit, der Ministerpräsident ein Sunnit und der Parlamentspräsident ein Schiit sein muss. Außerdem sind christliche und muslimische Abgeordneten im Parlament im Verhältnis 6:5 vertreten. Vgl. hierzu Ofteringer, Der Libanon-Konflikt, 1997, S. 127.

zugehörigkeit sind, stellte daher seither einen Streitpunkt dar.[122] Später wurde den palästinensischen Flüchtlingen die Verantwortung für den 1975 ausgebrochenen Bürgerkrieg im Libanon angelastet, weil die PLO sich im Rahmen des Krieges auf die Seite der libanesischen Nationalbewegung gestellt hatte.[123] Die PLO hatte sich im Libanon etabliert und zu einem quasi-Staat entwickelt, nachdem sie 1970 aus Jordanien vertrieben wurde. In Jordanien hatte die PLO zuvor auf den Sturz der jordanischen Monarchie hingearbeitet, ihr Aufstand wurde aber seitens der jordanischen Regierung 1970 niedergeschlagen. Nach der Invasion der israelischen Armee im Libanon von 1982 wurde die PLO auch aus dem Libanon vertrieben.[124] Im Rahmen des libanesischen Versöhnungsabkommens zur Beendigung des Bürgerkrieges von Ta'if von 1989 wurde deshalb beschlossen, die Palästinenser gänzlich aus dem politischen System des Libanon auszuschließen.[125] Die palästinensischen Flüchtlinge sind „*zu einer unerwünschten Gruppe ohne Platz im konfessionellen System des Libanon*" geworden.[126]

Seitens der Maroniten besteht aufgrund der Anwesenheit der Palästinenser im Libanon Sorge um die Aufrechterhaltung des konfessionellen Systems und es wird argumentiert, dass eine Ansiedlung der Palästinenser im Libanon deren Rückkehrrecht sowie die Souveränität Libanons verletze. Seitens des politischen Schiitentums wird weniger um das konfessionelle System als um die Existenz der derzeitigen Führung gefürchtet.[127]

Auch in der öffentlichen Meinung herrscht eine breite Ablehnung in Bezug auf die Ansiedlung der palästinensischen Flüchtlinge im Libanon und die Gewährung bürgerlicher und sozialer Rechte.[128] Dies wird sogar mit Hinweis auf die „*Solidarität*" mit dem Rückkehrrecht der Palästinenser legitimiert.[129]

Die libanesische Regierung betreibt eine „*offiziell nie erklärte Politik des Auswanderungsdrucks*".[130] Palästinensische Flüchtlinge haben im Libanon nicht das Recht, im öffentlichen Sektor zu arbeiten oder sonst eine qualifizierte Arbeit (z.B. als Arzt, Ingenieur oder Anwalt) anzunehmen, sie sind von den öffentlichen Dienst- und Versorgungsleistungen

---

122 Ofteringer, Vorwort, Palästinensische Flüchtlinge und der Friedensprozess, 1997, S. 9.
123 Ofteringer, Vorwort, Palästinensische Flüchtlinge und der Friedensprozess, 1997, S. 9.
124 Ofteringer, Palästinensische Flüchtlinge, Friedensprozess und internationale Flüchtlingspolitik, 1997, S. 71.
125 Sayigh, Palästinenser im Libanon, 1997, S. 22.
126 Ofteringer, Vorwort, Palästinensische Flüchtlinge und der Friedensprozess, 1997, S. 9.
127 Sayigh, Palästinenser im Libanon, 1997, S. 26f.
128 Ofteringer, Vorwort, Palästinensische Flüchtlinge und der Friedensprozess, 1997, S. 10; Sayigh, Palästinenser im Libanon, 1997, S. 15f.
129 Foda, Abgeschoben-die Ausweisung der Palästinenser aus Libyen, 1997, S. 42.
130 Ofteringer, Vorwort, Palästinensische Flüchtlinge und der Friedensprozess, 1997, S. 9; Vgl. auch Sayigh, Palästinenser im Libanon, 1997, S. 22f.

des Erziehungs- und Gesundheitswesens ausgeschlossen und haben keinen Anspruch auf Sozialversicherung.[131]

Zudem kam es zu Ablehnungen der Verlängerung der von der libanesischen Regierung ausgestellten Reisedokumente für palästinensische Flüchtlinge, die sich im Ausland aufhielten, was wiederum Wiedereinreiseverweigerungen zur Folge hatte.[132] Beispielsweise beschloss die libanesische Regierung als Reaktion auf die Massenausweisung der Palästinenser aus Libyen (hierzu siehe Punkt V., 6.), dass alle Palästinenser im Libanon für die Ausreise eine Genehmigung bräuchten und eine Einreiseerlaubnis für die Wiedereinreise.[133]

5. Lage in Syrien

In Syrien waren mit Stand vom 1. Januar 2011 insgesamt 495.970 palästinensische Flüchtlinge bei UNRWA registriert, das entspricht 10% der gesamten registrierten palästinensischen Flüchtlingsbevölkerung. Im Vergleich zum Vorjahr wurde im Jahr 2010 bei dieser Bevölkerungsgruppe ein Zuwachs um 5,1% verzeichnet.[134]

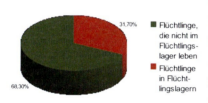

Abb. 12: Registrierte Flüchtlinge in Syrien

Auch in Syrien lebt ein hoher Anteil der Flüchtlinge (31,7%) in Camps, von denen es in Syrien 9 offizielle gibt.[135] Von den palästinensischen Flüchtlingen in syrischen Flüchtlingslagern leben mehr Flüchtlinge in inoffiziellen als in offiziellen Lagern. Dies liegt zum Teil an der Lage der inoffiziellen Lager. Beispielsweise das inoffizielle Camp Al-Yarmouk liegt in der Nähe von Damaskus und bietet gute Anbindung an Dienstleistungen.[136]

In Syrien genießen palästinensische Flüchtlinge generell viele der Rechte, die auch syrische Staatsangehörige genießen, wie z.B. Zugang zu sozialen Leistungen.[137]

---

131 Sayigh, Palästinenser im Libanon, 1997, S. 16, 18, 24.
132 Sayigh, Palästinenser im Libanon, 1997, S. 24.
133 Foda, Abgeschoben-die Ausweisung der Palästinenser aus Libyen, 1997, S. 40f.
134 UNRWA, UNRWA in Figures, Stand: 01.01.2011, S. 1.
135 UNRWA, UNRWA in Figures, Stand: 01.01.2011, S. 1.
136 BADIL, Survey of Palestinian Refugees and Internally Displaced Persons 2008-2009, S. 66.
137 UNRWA, Where UNRWA works, Syria, 31.12.2010.

6. Lage in anderen arabischen Ländern

Zu palästinensischen Flüchtlingen außerhalb des UNRWA-Operationsgebiets liegen keine umfassenden statistischen Daten vor.[138]

Lediglich 342.681 palästinensische Flüchtlinge waren Ende 2008 beim United Nations High Commissioner for Refugees (UNHCR) registriert, davon 240.025 in Saudi Arabien, 70.174 in Ägypten, 12.302 im Irak und 6.000 in Kuwait.[139]

Bis 1995 lebten in Libyen etwa 300.000 Palästinenser, davon etwa 10.000 Palästinenser, die zunächst in den Libanon geflohen waren. Am 1. September 1995 traf der damalige Staatschef Ghaddafi die Entscheidung, alle Palästinenser aus Libyen auszuweisen.[140] Ghaddafi lehnte das Oslo-Abkommen bzgl. der palästinensischen Autonomie als Betrug ab und wollte mit der Entscheidung, die er „*Rückkehr ins Vaterland*" nannte, u.a. die Beschränktheit des Abkommens demonstrieren, da die Palästinenser bei der Einreise in die sog. Autonomiegebiete nach wie vor auf die Zustimmung Israels angewiesen waren.[141]

In Kuwait lebten bis 1990 mehr als 350.000 Palästinenser. Die Arbeitsmigration und die entsprechenden *remittances* (Rücküberweisungen) trugen wesentlich zur Existenzsicherung der palästinensischen Flüchtlingsbevölkerung auch in anderen Ländern bei. Im Rahmen des Zweiten Golfkriegs wurden nahezu alle Palästinenser vertrieben. Etwa 300.000 der 350.000 vertriebenen Palästinenser flohen nach Jordanien.[142] Viele der palästinensischen Flüchtlinge, die in Folge des Golf-Krieges von 1991 aus Kuwait und anderen Golf-Staaten ausgewiesen wurden, flohen auch nach Kanada, Skandinavien, die USA und in arabische Länder.[143]

---

138 BADIL, Survey of Palestinian Refugees and Internally Displaced Persons 2008-2009, S. 57.
139 BADIL, Survey of Palestinian Refugees and Internally Displaced Persons 2008-2009, S. 60.
140 Foda, Abgeschoben-die Ausweisung der Palästinenser aus Libyen, 1997, S. 37.
141 Foda, Abgeschoben-die Ausweisung der Palästinenser aus Libyen, 1997, S. 39f.
142 Ofteringer, Palästinensische Flüchtlinge, Friedensprozess und internationale Flüchtlingspolitik, 1997, S. 71f.
143 BADIL, Survey of Palestinian Refugees and Internally Displaced Persons 2008-2009, S. 62.

VI. Palästinensische Flüchtlinge und der Anwendungsbereich der GFK

Können sich palästinensische Flüchtlinge - genauso wie andere Flüchtlinge - auf die Schutzmechanismen der GFK berufen? Diese Frage ist nicht ganz einfach zu beantworten.

Der Begriff des Flüchtlings ist in Art. 1 des Abkommens über die Rechtsstellung der Flüchtlinge vom 28. Juli 1951 (GFK) definiert.

1. Art. 1 A Nr. 2 GFK

Gem. Art. 1 A Nr. 2 GFK wird als Flüchtling jede Person, *„die infolge von Ereignissen, die vor dem 1. Januar 1951 eingetreten sind, und aus (1) der <u>begründeten Furcht vor Verfolgung</u> wegen ihrer (2) <u>Rasse, Religion, Nationalität, Zugehörigkeit zu einer bestimmten sozialen Gruppe oder wegen ihrer politischen Überzeugung</u> sich (3) <u>außerhalb des Landes befindet, dessen Staatsangehörigkeit sie besitzt,</u> und (4) den <u>Schutz dieses Landes nicht in Anspruch nehmen kann oder wegen dieser Befürchtungen nicht in Anspruch nehmen will</u>; oder die sich als staatenlose infolge solcher Ereignisse außerhalb des Landes befindet, in welchem sie ihren gewöhnlichen Aufenthalt hatte, und nicht dorthin zurückkehren kann oder wegen der erwähnten Befürchtungen nicht dorthin zurückkehren will"* definiert.

Dieses Abkommen, das ursprünglich auf den Schutz europäischer Flüchtlinge im Zusammenhang mit dem Zweiten Weltkrieg beschränkt war, wurde in seinem Wirkungsbereich durch das Protokoll über die Rechtsstellung der Flüchtlinge von 1967 erweitert, indem die zeitliche und geographische Einschränkung aufgehoben wurde.[144] Mit Stand 1. Dezember 2006 waren 147 Staaten dem Abkommen vom 28. Juli 1951 und/oder dem Protokoll vom 31. Januar 1967 über die Rechtsstellung der Flüchtlinge beigetreten.[145]

Flüchtlinge im Sinne des Art. 1 A Nr. 2 GFK stellen allerdings nur eine von mehreren Kategorien von Konventionsflüchtlingen dar. Auch Personen, die gem. Art. 1 A Nr. 1 GFK den Tatbestand früherer internationaler Vereinbarungen erfüllen, werden als statutäre Flüchtlinge (*statutory refugees*) bezeichnet und fallen ebenfalls unter die Anwendung der GFK.[146]

---

[144] Gemäß Art. 1 II des Protokolls über die Rechtsstellung der Flüchtlinge vom 31. Januar 1967 wird ein Flüchtling als "jede unter die Begriffsbestimmung des Artikels 1 des Abkommens fallende Person, als seien die Worte "infolge von Ereignissen, die vor dem 1. Januar 1951 eingetreten sind, und ..." sowie die Worte "... infolge solcher Ereignisse" in Art. 1 A II nicht enthalten" definiert.
[145] UNHCR, Liste der Vertragsstaaten, 2006.
[146] BVerwGE 88, 254, 259; Takkenberg, The Status of Palestinian Refugees in International Law, 1997, S.55, 96.

2. Art. 1 D GFK

Gemäß Art. 1 D S. 1 ist der Anwendungsbereich der GFK allerdings ausgeschlossen für Personen, *„die zurzeit den Schutz oder Beistand einer Organisation oder einer Institution der Vereinten Nationen mit Ausnahme des Hohen Kommissars der Vereinten Nationen für Flüchtlinge genießen."*[147]

Art. 1 D GFK ist zwar allgemein formuliert und könnte demzufolge auf jede Gruppe von Flüchtlingen angewendet werden, die die darin enthaltenen Bedingungen erfüllen. Die Entstehungsgeschichte der GFK und die Staatenpraxis seit Inkrafttreten der GFK zeigen allerdings, dass Art. 1 D GFK tatsächlich nur die palästinensischen Flüchtlinge betrifft.[148] Damit sind palästinensische Flüchtlinge die einzige Gruppe, die außerhalb des Schutzregimes, wie es vom UNHCR-Statut und der GFK errichtet wurde, platziert sind.[149]

Sowohl das Statut von UNHCR als auch die GFK und das Übereinkommen über die Rechtsstellung der Staatenlosen von 1954 entstanden zu einer Zeit, in der die Problematik der palästinensischen Flüchtlinge ein viel diskutiertes Thema war und eine baldige Lösung immer noch erwartet wurde.[150]

Im Rahmen des Entstehungsprozesses der GFK wurde die Problematik der palästinensischen Flüchtlinge ausführlich thematisiert. Nachdem der UN Economic and Social Council (ECOSOC) einen Entwurf der GFK der UN Generalversammlung (GA) vorlegte, verwies diese den Entwurf zwecks weiterer Debatte an das Third Committee of the General Assembly. Die Vertreter von Ägypten, Libanon und Saudi Arabien brachten eine Zusatzklausel ein, nach der die GFK nicht auf Personen anwendbar sein soll, die zurzeit Schutz oder Unterstützung von anderen Organen oder Agenturen der UN genießen. Damit sollte sichergestellt werden, dass den palästinensischen Flüchtlingen ihr spezieller Status - insbesondere mit Blick auf deren Rückkehr - erhalten bleibt.[151] Dieser Vorschlag ging in den derzeitigen § 7 c des von der UN GA am 14. Dezember 1950 verabschiedeten UNHCR Statuts ein.[152]

Der Vorschlag wurde zudem in den Entwurf der GFK übernommen und an die Conference of Plenipotentiaries übermittelt. Allgemeine Zustimmung herrschte in Bezug auf die

---

147 Die englische Originalfassung lautet: „This Convention shall not apply to persons who are at present receiving from organs or agencies of the United Nations other than the United Nations High Commissioner for Refugees protection or assistance."
148 Qafisheh/Azarov, in: Zimmermann, The 1951 Convention, 2011, Article 1D, Rn. 2; Takkenberg, The Status of Palestinian Refugees in International Law, 1997, S. 56, 92, 102.
149 Goodwin-Gill/McAdam, The Refugee in International Law, 2007, S. 151.
150 Goodwin-Gill/McAdam, The Refugee in International Law, 2007, S. 153.
151 Qafisheh/Azarov, in: Zimmermann, The 1951 Convention, 2011, Article 1D, Rn. 3-6; Takkenberg, The Status of Palestinian Refugees in International Law, 1997, S. 62, 66.
152 Takkenberg, The Status of Palestinian Refugees in International Law, 1997, S. 63; UN GA Res. 428 (V).

Notwendigkeit eines speziellen Status' für die palästinensischen Flüchtlinge.[153] Der ägyptische Vertreter führte im Rahmen des Diskussionsprozesses weiter aus, dass der Ausschluss der palästinensischen Flüchtlinge nur ein temporärer sein sollte, also so lange wie die UN-Unterstützung andauert. Wenn dieser Beistand wegfalle, sollen die palästinensischen Flüchtlinge automatisch in den Genuss der Schutzmechanismen der GFK gelangen.[154] Dieser ägyptische Vorschlag wurde am 30. November 1951 als Artikel 1 D der GFK von der Conference of Plenipotentiaries bestätigt.[155] Eine ähnliche Klausel wie im derzeitigen Art. 1 D S. 2 GFK ist in § 7 c UNHCR Statut allerdings nicht enthalten.

Bei der Entstehung des Art. 1 D GFK standen also palästinensische Flüchtlinge im Vordergrund. Neben der Aufrechterhaltung der speziellen Aufmerksamkeit durch UNRWA und die United Nations Conciliation Commission on Palestine (UNCCP) sollten so zudem Zuständigkeitsüberschneidungen mit UNHCR vermieden werden.[156] Durch die Einfügung des 2. Satzes in Art. 1 D sollte verhindert werden, dass palästinensische Flüchtlinge schutzlos bleiben, wenn der Beistand durch die speziellen UN-Organe wegfällt.[157]

Während in Art.1 D S. 1 GFK also eine (temporäre) Ausschlussklausel enthalten ist, ist in Art. 1 D S. 2 GFK eine Anwendungsklausel enthalten,[158] nach der die Anwendung der GFK wieder eröffnet wird, wenn der Schutz oder die Unterstützung von UNRWA *„aus irgendeinem Grunde weggefallen"* ist, *„ohne dass das Schicksal dieser Person endgültig gemäß den hierauf bezüglichen Entschließungen der Generalversammlung der Vereinten Nationen geregelt worden ist".* Diese Personen fallen dann *„ipso facto unter die Bestimmungen dieses Abkommens."*[159]

Die Auslegung von Art.1 D GFK im Einzelnen ist umstritten.

---

153 Qafisheh/Azarov, in: Zimmermann, The 1951 Convention, 2011, Article 1D, Rn. 7; Takkenberg, The Status of Palestinian Refugees in International Law, 1997, S. 66.
154 Goodwin-Gill/McAdam,The Refugee in International Law, 2007, S. 154; Qafisheh/Azarov, in: Zimmermann, The 1951 Convention, 2011, Article 1D, Rn. 7; Takkenberg, The Status of Palestinian Refugees in International Law, 1997, S. 64f.
155 Qafisheh/Azarov, in: Zimmermann, The 1951 Convention, 2011, Article 1D, Rn. 7; Takkenberg, The Status of Palestinian Refugees in International Law, 1997, S. 65.
156 Qafisheh/Azarov, in: Zimmermann, The 1951 Convention, 2011, Article 1D, Rn. 8.
157 Qafisheh/Azarov, in: Zimmermann, The 1951 Convention, 2011, Article 1D, Rn. 8.
158 BVerwGE 88, 254, 258; Goodwin-Gill/McAdam,The Refugee in International Law, 2007, S. 153; Qafisheh/Azarov, in: Zimmermann, The 1951 Convention, 2011, Article 1D, Rn. 25; Takkenberg, The Status of Palestinian Refugees in International Law, 1997, S. 95.
159 Die englische Originalfassung von Art.1 D S. 2 GFK lautet: „When such protection or assistance has ceased for any reason, without the position of such persons being definitively settled in accordance with the relevant resolutions adopted by the General Assembly of the United Nations,these persons shall *ipso facto* be entitled to the benefits of this Convention."

a) Art. 1 D S. 1 GFK

Fraglich ist zunächst, welcher Personenkreis gem. Art. 1 D S. 1 GFK umfasst ist.

Unter Art. 1 D GFK fallen nach Ansicht von UNHCR sowohl

- Palästinenser, die in Folge des 1948-Krieges von dem Teil des ehemaligen Mandatsgebiets Palästina flohen, der später zum Staat Israel wurde und die bislang nicht „*dorthin*" zurückkehren konnten (Palästina-Flüchtlinge), als auch
- Palästinenser, die in Folge des 1967-Krieges vertrieben wurden (*displaced persons*) und die bislang nicht „*in die von Israel seit 1967 besetzten palästinensischen Gebiete zurückkehren konnten*" sowie
- die Nachkommen der beiden o.g. Gruppen (in männlicher Linie).[160]

Allerdings soll UNHCR zufolge Art. 1 D GFK keine Anwendung finden, wenn auf die o.g. Palästinenser entweder eine der Beendigungsklauseln aus Art. 1 C GFK oder eine Ausschlussklausel gem. Art. 1 E oder 1 F GFK zutreffen.[161]

Bei Palästinensern, die weder 1948-, noch 1967-Flüchtlinge sind, sondern später aus den OPT geflohen sind, müsse geprüft werden, ob die Voraussetzungen von Art. 1 A Nr. 2 GFK vorliegen und nicht eine der Beendigungsklauseln aus Art. 1 C GFK oder eine Ausschlussklausel gem. Art. 1 E oder 1 F GFK in Betracht kommen. Dieser Personenkreis falle nach Ansicht von UNHCR nicht unter den Anwendungsbereich des Art. 1 D GFK.[162]

Bei der Prüfung der Anforderungen des Art. 1 A Nr. 2 GFK seien UNHCR zufolge die Umstände der Flucht aus dem ehemaligen Mandatsgebiet Palästina entscheidend, nicht die Situation im Erstzufluchtsland, sofern der Palästinenser nicht dessen Staatsangehörigkeit angenommen hat.[163]

Fraglich ist weiterhin, ob es ausreicht, dass diese Personen prinzipiell berechtigt sind, den Schutz oder Beistand zu erhalten oder ob diese vielmehr tatsächlich diese Leistungen beziehen müssen.

Einer Ansicht zufolge sei es nicht mit dem Sinn und Zweck der GFK vereinbar, alle palästinensischen Flüchtlinge, die unter das Mandat von UNRWA fallen, vom

---

[160] UNHCR, Note über die Anwendbarkeit von Artikel 1 D GFK auf palästinensische Flüchtlinge, 2002, S.1f.; Zur Vererbbarkeit des Status des UNRWA-registrierten Flüchtlings vgl. auch UNHCR, Überarbeitete Stellungnahme zur Rechtsstellung palästinensischer Flüchtlinge unter UNRWA-Mandat, 2000, S.3.
[161] UNHCR, Note über die Anwendbarkeit von Artikel 1 D GFK auf palästinensische Flüchtlinge, 2002, S.2.
[162] UNHCR, Note über die Anwendbarkeit von Artikel 1 D GFK auf palästinensische Flüchtlinge, 2002, S.2; UNHCR, Überarbeitete Stellungnahme zur Rechtsstellung palästinensischer Flüchtlinge unter UNRWA-Mandat, 2000, S.3.
[163] UNHCR, Überarbeitete Stellungnahme zur Rechtsstellung palästinensischer Flüchtlinge unter UNRWA-Mandat, 2000, S.3.

Anwendungsbereich der GFK auszuschließen. Vielmehr sei Art. 1 D nur anzuwenden, wenn eine Person berechtigt ist, Schutz oder Beistand von UNRWA zu erhalten und diesen auch tatsächlich in Anspruch nimmt. Entscheidend sei also eine Registrierung bei UNRWA.[164]
Demgegenüber ist gemäß UNHCR maßgeblich, ob sich diese Person im Operationsgebiet von UNRWA aufhält. Es komme also nicht darauf an, dass die Person tatsächlich bei UNRWA registriert ist und deren Schutz genießt, sondern vielmehr, dass sie dazu berechtigt wäre und die Möglichkeit dazu gehabt hätte.[165]

Auch in der Literatur wird die Auffassung vertreten, dass es ausreichend sei, dass die betreffende Person unter das Mandat von UNRWA fällt, d.h. die Person muss die Unterstützung faktisch nicht in Anspruch nehmen. Einer Registrierung bei UNRWA bedarf es in diesem Zusammenhang nicht, da die Registrierung nur rein deklaratorischer Natur sei.[166]

Dieser Auffassung folgt auch das BVerwG. Ausschlaggebend sei allein die Zugehörigkeit zu der Personengruppe, die unter das Mandat der UNRWA fällt. Der Argumentation des BVerwG zufolge, widerspräche es dem Ziel des Art. 1 D GFK, *„wenn palästinensische Flüchtlinge von der Ausschlussklausel nicht erfasst würden, solange sie Leistungen der UNRWA tatsächlich nicht in Anspruch nehmen, obwohl sie bei entsprechendem Bedarf dazu berechtigt wären."* Denn auf diese Weise könnten sie wählen, ob sie den Schutz der UNRWA oder die Schutzmechanismen der GFK in Anspruch nehmen wollen.[167]

b) Art. 1 D S. 2 GFK

Nachdem festgestellt wurde, für welchen Personenkreis Art. 1 D GFK generell gilt, muss geprüft werden, unter welchen Umständen sich dieser Personenkreis doch auf die Rechte aus der GFK berufen kann. Die Bestimmungen der GFK sind gem. Art. 1 D S. 2 GFK nur anwendbar, wenn der Schutz durch UNRWA aus irgendeinem Grund weggefallen ist (*„has ceased for any reason"*).

Im Rahmen des Entstehungsprozesses der GFK wurde in diesem Zusammenhang wohl in erster Linie an die Beendigung des Mandats der UNRWA gedacht.[168] Die Möglichkeit, dass eine große Anzahl palästinensischer Flüchtlinge nach Europa oder Nordamerika migrieren könnten, wurde im Rahmen der *travaux préparatoires* schlicht nicht in Betracht gezogen. Das

---

164 Qafisheh/Azarov, in: Zimmermann, The 1951 Convention, 2011, Article 1D, Rn. 27.
165 UNHCR, Überarbeitete Stellungnahme zur Rechtsstellung palästinensischer Flüchtlinge unter UNRWA-Mandat, 2000, S.3.
166 Miller, Die Frage der Rückkehr palästinensischer Flüchtlinge, 2007, S. 104f.; Takkenberg, The Status of Palestinian Refugees in International Law, 1997, S. 100, 102, 106.
167 BVerwGE 88, 254, 261f.
168 BVerwGE 88, 254, 263.

einzig denkbare Szenario, warum der Schutz oder Beistand durch UNRWA beendet sein könnte, war zu dieser Zeit die Einstellung der Tätigkeit durch UNRWA.[169]

Eine Auslegung des Art. 1 D S. 2 GFK nur in diesem Sinne wäre allerdings zu eng. Nach Takkenberg sei der Wortlaut so auszulegen, dass der Schutz oder Beistand weggefallen ist, wenn die Möglichkeit, diesen Schutz oder Beistand zu erhalten, nicht mehr existiert. Eine solche Situation sei nicht gegeben, wenn der Schutz oder Beistand seitens UNRWA für die betreffende Person abgelehnt worden ist, da dies nur bedeutet, dass diese Person nicht bedürftig ist. Anders sei die Situation allerdings zu beurteilen, wenn UNRWA nicht in der Lage ist, Schutz oder Beistand zu gewähren.[170]

„Irgendein Grund" liegt nach UNHCR beispielsweise vor, wenn der Palästinenser in das ursprüngliche Zufluchtsland, das zum UNRWA-Operationsgebiet gehört, aufgrund von drohender *„flüchtlingsrelevanter"* Verfolgung nicht zurückkehren kann[171], bzw. aufgrund von drohender Gefahr für die persönliche Sicherheit oder Freiheit oder aus *„anderen ernst zu nehmenden Schutzproblemen"* nicht zurückkehren will.[172]

Als ein weiterer Grund kommt UNHCR zufolge auch eine Einreiseverweigerung bzw. eine Verweigerung des Rückkehrrechts des ursprünglichen Zufluchtslandes, das zum UNRWA-Operationsgebiet gehört, in Frage.[173]

Auch die EU KOM legt die Qualifikationsrichtlinie[174], die die Regelungen der GFK in europäisches Recht umwandelt, so aus, dass der Schutz oder Beistand dann weggefallen ist, wenn die Person durch Umstände, auf die sie keinen Einfluss hat, davon abgehalten wird, in das Gebiet zurückzukehren, wo sie prinzipiell berechtigt ist, Schutz durch UNRWA zu erhalten.[175]

Nach Ansicht des UNHCR sei in diesem Zusammenhang unerheblich, ob die Person freiwillig aus dem ursprünglichen Zufluchtsland ausgereist ist, das die Wiedereinreise nunmehr verweigert.[176] Ebenso argumentiert Takkenberg, dass die Motive der Ausreise irrelevant seien. Es spiele also keine Rolle, ob die Person freiwillig das Operationsgebiet von UNRWA

---

169 Takkenberg, The Status of Palestinian Refugees in International Law, 1997, S. 109f.
170 Takkenberg, The Status of Palestinian Refugees in International Law, 1997, S. 107.
171 UNHCR, Überarbeitete Stellungnahme zur Rechtsstellung palästinensischer Flüchtlinge unter UNRWA-Mandat, 2000, S. 1, 3.
172 UNHCR, Note über die Anwendbarkeit von Artikel 1 D GFK auf palästinensische Flüchtlinge, 2002, S.3.
173 UNHCR, Note über die Anwendbarkeit von Artikel 1 D GFK auf palästinensische Flüchtlinge, 2002, S.3; UNHCR, Überarbeitete Stellungnahme zur Rechtsstellung palästinensischer Flüchtlinge unter UNRWA-Mandat, 2000, S. 1, 3.
174 Richtlinie 2004/83/EG, Art. 12 I a; Richtlinie 2011/95/EU, Art. 12 I a (Neufassung).
175 EU KOM, Qualifikationsrichtlinie, Art. 14 I a, S. 28.
176 UNHCR, Überarbeitete Stellungnahme zur Rechtsstellung palästinensischer Flüchtlinge unter UNRWA-Mandat, 2000, S.2.

verlassen hat. Entscheidend sei vielmehr, ob die Möglichkeit einer Rückkehr dorthin fortbesteht.[177]

Demgegenüber macht der Rat der EU in einer Erklärung zum gemeinsamen Standpunkt deutlich, dass eine freiwillige Ausreise aus dem UNRWA-Operationsgebiet nicht als „*irgendein Grund*" im Sinne des Art. 1 D S. 2 GFK für den Wegfall des Schutzes oder Beistandes gelte.[178]

Ebenso ist des BVerwG der Ansicht, dass der Schutz oder Beistand nicht weggefallen sei im Sinne des Art.1 D S.2 GFK, wenn die betreffende Person freiwillig das Operationsgebiet von UNRWA verlässt und diesen damit aufgibt oder wenn die Unmöglichkeit der Rückkehr zur Zeit der Ausreise vorhersehbar war. In jedem Einzelfall müsse also geprüft werden, aus welchen Beweggründen die Ausreise erfolgte. Soll diese in der Absicht erfolgt sein, in den Anspruch der Schutzmechanismen der GFK zu gelangen, weil die Person sich dadurch eine Verbesserung seiner Lage verspricht, dann sei der Schutz oder Beistand nicht weggefallen im Sinne des Art. 1 D S.2 GFK. Ebenfalls sei dieser dann nicht weggefallen, wenn die Person die Unmöglichkeit der Rückkehr in das UNRWA-Operationsgebiet in Kauf nimmt. Anderes gelte, wenn die Person nach der freiwilligen Ausreise aus unvorhergesehenen Gründen, auf die sie keinen Einfluss hat, nicht in der Lage ist, in das Operationsgebiet von UNRWA zurückzukehren.[179]

Eine derartig restriktive Auslegung basiere aber nach Ansicht von Qafisheh/Azarov auf dem fehlerhaften Verständnis der Verpflichtungen, die sich für Staaten dann in Bezug auf palästinensische Flüchtlinge ergebe. Diese seien nicht etwa verpflichtet, Asyl zu gewähren, sondern lediglich zu einem Verbot der Abschiebung (*non-refoulement*). Zudem lege diese restriktive Auslegung den palästinensischen Flüchtlingen die Beweislast auf.[180]

Obwohl im Rahmen der *travaux préparatoires* vielleicht kein anderer Grund für den Wegfall des Schutzes oder Beistands durch UNRWA als die Beendigung des Mandats in Betracht kam, wurde im Vertragstext trotzdem eine weite Formulierung gewählt. Anstelle einer Formulierung, die den Wegfall des Schutzes oder Beistands explizit aufgrund Mandatsbeendigung vorsieht, wurde die Begrifflichkeit „*aus irgendeinem Grund*" genutzt. Damit sollten wohl auch alle möglichen denkbaren Gründe für die Beendigung des Schutzes

---

177 Takkenberg, The Status of Palestinian Refugees in International Law, 1997, S. 114.
178 Rat der Europäischen Union, Gemeinsamer Standpunkt vom 4. März 1996, Leitlinie 12.
179 BVerwGE 88, 254, 265.
180 Qafisheh/Azarov, in: Zimmermann, The 1951 Convention, 2011, Article 1D, Rn. 59.

von UNRWA eingeschlossen werden, die zum Zeitpunkt der Entstehung der GFK noch nicht vorhersehbar waren.

Es ist daher nicht ersichtlich, warum diese weite Fassung *„aus irgendeinem Grund"* nicht auch jeden denkbaren *„irgendeinen"* Grund umfassen soll, also z.B. auch eine freiwillige Ausreise aus dem UNRWA-Operationsgebiet, auch wenn diese in dem Wissen erfolgte, dass eine Rückkehr gegebenenfalls nicht möglich sein würde.

Bei Bejahung des Vorliegens *„irgendeines Grundes"* für den Wegfall des UNRWA-Schutzes ist keine zusätzliche Prüfung der Voraussetzungen von Art. 1 A Nr. 2 GFK notwendig. Dies liegt darin begründet, dass Art. 1 D S. 2 GFK eine eigenständige Anwendungsklausel darstellt, die den Konventionsflüchtlingsstatus *„ipso facto"* begründet,[181] d.h. sie begründet *„den automatischen Anspruch"* dieser Flüchtlinge auf die Schutzmechanismen der GFK.[182]

c) Zwischenergebnis

Art. 1 D GFK sollte nicht als eine Ausschlussklausel betrachtet werden, sondern vielmehr als eine *„contingent inclusion clause"*[183] bzw. als eine temporäre Suspension der Schutzmechanismen der GFK in Bezug auf Personen, die unter Art. 1 D S. 1 fallen.[184]
Palästinensische Flüchtlinge sind also nicht generell von der Anwendung der GFK ausgeschlossen, sondern nur wenn sie im Mandatsgebiet von UNRWA, also im Gaza-Streifen, dem Westjordanland, Syrien, Jordanien und dem Libanon, Zuflucht gefunden haben. Palästinensische Flüchtlinge, die also beispielsweise in Ägypten, dem Irak oder in den Golfstaaten leben, genießen nicht den Schutz von UNRWA.
Da eine tatsächliche Registrierung bei UNRWA nicht notwendig ist, sind alle Palästinenser, die auch nur rein faktische Unterstützung von UNRWA bekommen oder bekommen könnten, zunächst von der Anwendung der GFK ausgeschlossen.[185] Hierzu zählen also nicht nur die 1948-Flüchtlinge, sondern auch die 1967-Flüchtlinge bzw. *displaced persons*.
Palästinensische Flüchtlinge, für die der Schutz oder Beistand der UNRWA aus *„irgendeinem Grund"* weggefallen ist, fallen allein aufgrund dieser Tatsache in den Anwendungsbereich der

---

[181] BVerwGE 88, 254, 259; Goodwin-Gill/McAdam, The Refugee in International Law, 2007, S. 160; Qafisheh/Azarov, in: Zimmermann, The 1951 Convention, 2011, Article 1D, Rn. 75; UNHCR, Überarbeitete Stellungnahme zur Rechtsstellung palästinensischer Flüchtlinge unter UNRWA-Mandat, 2000, S.2.
[182] UNHCR, Note über die Anwendbarkeit von Artikel 1 D GFK auf palästinensische Flüchtlinge, 2002, S.1.
[183] Goodwin-Gill/McAdam, The Refugee in International Law, 2007, S. 153.
[184] Qafisheh/Azarov, in: Zimmermann, The 1951 Convention, 2011, Article 1D, Rn. 71; Takkenberg, The Status of Palestinian Refugees in International Law, 1997, S. 95.
[185] Miller, Die Frage der Rückkehr palästinensischer Flüchtlinge, 2007, S. 104f.

GFK („*ipso facto*"), also unabhängig davon, ob sie Flüchtlinge gem. Art. 1 A Nr. 2 GFK darstellen. Als „*irgendein Grund*" kommt sowohl die Einstellung der Arbeit durch UNRWA in Betracht, aber auch - der Ansicht von UNHCR und Takkenberg folgend – die Unmöglichkeit der Rückkehr in das UNRWA-Operationsgebiet, auch wenn die Ausreise freiwillig erfolgte.

Ein weiterer Grund, warum der Schutz oder Beistand weggefallen sein kann, liegt vor, wenn die Person in das Zufluchtsland, das zum UNRWA-Operationsgebiet gehört, aufgrund drohender Gefahr für die persönliche Sicherheit oder Freiheit nicht mehr zurückkehren will. Diese Auslegung entspricht, wie bereits oben dargestellt, sowohl der Ansicht von UNHCR als auch Takkenberg[186] und Goodwin-Gill/McAdam.[187]

---

[186] Takkenberg, The Status of Palestinian Refugees in International Law, 1997, S. 124f.
[187] Goodwin-Gill/McAdam, The Refugee in International Law, 2007, S. 159f.

VII. Palästinensische Flüchtlinge und Staatenlosigkeit

Fraglich ist, ob und wenn ja, welche Staatsangehörigkeit die palästinensischen Flüchtlinge haben. Sind die palästinensischen Flüchtlinge, die nicht die Nationalität des Zufluchtslandes angenommen haben, palästinensische Staatsangehörige? Oder haben die Palästinenser, die aus den Gebieten des heutigen Israel flohen, die israelische Staatsangehörigkeit erhalten bzw. hätten erhalten müssen? Oder sind die palästinensischen Flüchtlinge auch zugleich Staatenlose?

Gem. Art. 1 I des Übereinkommens über die Rechtsstellung der Staatenlosen (Staatenlosenübereinkommen) von 1954 ist ein Staatenloser eine Person, *„die kein Staat auf Grund seines Rechts als Staatsangehöriger ansieht"*.[188] Das Übereinkommen ist am 6. Juni 1960 in Kraft getreten und mit Stand vom 2. März 2012 sind ihm 71 Staaten beigetreten – darunter auch Israel.[189] Die GFK und das Staatenlosenübereinkommen sind in großen Teilen identisch. Allerdings enthält das Staatenlosenübereinkommen keine Regelung wie Art. 31 GFK, die Schutz gegen eine Strafverfolgung wegen unerlaubter Einreise oder unerlaubten Aufenthalts bietet.

1. Osmanisches Reich - britisches Mandatsgebiet

Während der Zeit der osmanischen Herrschaft in Palästina, waren die Einwohner Staatsangehörige des Osmanischen Reichs.[190]
Nach dem Ersten Weltkrieg wurde im Rahmen des Art. 30 des Lausanner Friedensvertrags geregelt, dass die Personen, die nicht in dem Gebiet des durch Atatürk gegründeten türkischen Staates leben, automatisch die Staatsangehörigkeit des Staates erhalten sollen, dem das entsprechende Gebiet zugewiesen wurde.[191]
Wie bereits dargestellt, wurde Palästina britisches Mandatsgebiet. Dies bedeutete aber nicht, dass die Einwohner Palästinas dadurch britische Staatsangehörige wurden.[192] Gem. Art. 12

---

188 Die englische Originalfassung lautet: "stateless person means a person who is not considered as a national by any State under the operation of its law."
189 UNTC, Convention relating to the Status of Stateless Persons, Stand: 02.03.2012.
190 Goodwin-Gill/McAdam, The Refugee in International Law, 2007, S. 458; Miller, Die Frage der Rückkehr palästinensischer Flüchtlinge, 2007, S.205; Takkenberg, The Status of Palestinian Refugees in International Law, 1997, S. 183.
191 Miller, Die Frage der Rückkehr palästinensischer Flüchtlinge, 2007, S.205.
192 Goodwin-Gill/McAdam, The Refugee in International Law, 2007, S. 458; Miller, Die Frage der Rückkehr palästinensischer Flüchtlinge, 2007, S.205f.; Takkenberg, The Status of Palestinian Refugees in International Law, 1997, S. 182f.

des Mandate for Palestine wurde der diplomatische Schutz allerdings durch Großbritannien ausgeübt.

Die von Großbritannien als Mandatar im Jahr 1925 erlassene Palestine Citizenship Order bestimmte in Teil 1, dass die Einwohner Palästinas die palästinensische Staatsangehörigkeit erhalten sollten (*"turkish subjects habitually resident in the territory of Palestine upon 1st day of August, 1925, shall become Palestinian citizens"*).[193]
Dies führte dazu, dass die palästinensische Staatsangehörigkeit geschaffen wurde, obwohl der entsprechende völkerrechtlich anerkannte, souveräne Staat Palästina noch nicht existierte. Da der diplomatische Schutz der palästinensischen Staatsangehörigen durch Großbritannien ausgeübt wurde, konnte die kreierte palästinensische Staatsangehörigkeit nicht als eine vollwertige Staatsangehörigkeit angesehen werden. Miller spricht in diesem Zusammenhang von einer „*Quasi-Staatsangehörigkeit*".[194]

2. Die Gründung des Staates Israel

Mit Gründung des Staates Israel am 14. Mai 1948 endete die palästinensische Staatsangehörigkeit gem. der von der britischen Mandatsmacht verabschiedeten Palestine Citizenship Order.[195]
Unstreitig ist, dass Israel als Nachfolgestaat zum palästinensischen Mandatsgebiet angesehen werden kann.[196] Trotzdem kann aber nicht daraus geschlossen werden, dass im Rahmen dieser Staatensukzession die jüdischen und die arabischen Einwohner des Landes gleichermaßen automatisch die israelische Staatsangehörigkeit erlangt haben, da hierfür zunächst ein nationales Gesetz geschaffen werden musste.[197]
Mit Erlass des Nationality Law im Jahr 1952 wurde die Palestine Citizenship Order von 1925 für ungültig erklärt und durch neue Regelungen ersetzt. Danach kann die israelische Staatsangehörigkeit durch Rückkehr (Art. 2 Nationality Law), Ansässigkeit in Israel (Art. 3 Nationality Law), Geburt (Art. 4 Nationality Law) und Einbürgerung (Art. 5 bis 9 Nationality Law) erlangt werden. Art. 3 Nationality Law bezieht sich direkt auf die vormals palästinensischen Staatsangehörigen und verlangt in Abs. A für den Erhalt der israelischen Staatsbürgerschaft: „*A person who, immediately before the establishment of the State, was a*

---
193 Pagener, Das Staatsangehörigkeitsrecht des Staates Israel, 1954, S. 12.
194 Miller, Die Frage der Rückkehr palästinensischer Flüchtlinge, 2007, S. 207-210.
195 Goodwin-Gill/McAdam, The Refugee in International Law, 2007, S. 459; Takkenberg, The Status of Palestinian Refugees in International Law, 1997, S. 184.
196 Miller, Die Frage der Rückkehr palästinensischer Flüchtlinge, 2007, S. 211f.
197 Miller, Die Frage der Rückkehr palästinensischer Flüchtlinge, 2007, S. 215.

Palestinian citizen (...) shall become an Israel national with effect from the day of the establishment of the State if (1) he was registered on the 4th Adar, 5712 (1st March 1952) as an inhabitant under the Registration of Inhabitants Ordinance, 5709-1949; and (2) he is an inhabitant of Israel on the day of the coming into force of this Law; and (3) he was in Israel, or in an area which became Israel territory after the establishment of the State, from the day of the establishment of the State to the day of the coming into force of this Law, or entered Israel legally during that period."

Die strikte Anwendung dieser Vorschrift bedeutete für alle Palästinenser, die im Zusammenhang mit dem Krieg von 1948 aus dem Gebiet, das zum Staat Israel wurde, flohen, dass ihnen die israelische Staatsangehörigkeit verwehrt wurde.[198]

a) Verstoß Israels gegen internationales Recht

Verstößt das israelische Staatsangehörigkeitsrecht in Bezug auf die palästinensischen Flüchtlinge damit gegen internationales Recht? Das Staatsangehörigkeitsrecht ist zwar grundsätzlich eine innere Angelegenheit – allerdings nur solange es nicht internationalem Recht widerspricht.[199]

aa) Verstoß gegen das Übereinkommen zur Verminderung der Staatenlosigkeit

Hier könnte ein Verstoß Israels gegen das Übereinkommen zur Verminderung der Staatenlosigkeit von 1961 in Betracht kommen, in dem sich die Vertragsstaaten verpflichten, den im jeweiligen Hoheitsgebiet geborenen Personen, die sonst staatenlos wären, ihre Staatsangehörigkeit zu verleihen (Art. 1 I 1 Übereinkommen zur Verminderung der Staatenlosigkeit).[200] Lässt sich daraus eine Verpflichtung Israels ableiten, den 1948-Flüchtlingen die israelische Staatsangehörigkeit zu verleihen?

Mit Stand vom 3. März 2012 sind jedoch lediglich 42 Staaten dem Übereinkommen beigetreten. Israel hat den Vertrag am 30. August 1961 zwar signiert, bislang aber nicht ratifiziert.[201] Aus der Unterzeichnung könnte sich für Israel aber eine vorvertragliche Sorgfaltspflicht gem. Art. 18 der Wiener Vertragsrechtskonvention (WVK) ergeben.

---

198 Goodwin-Gill/McAdam, The Refugee in International Law, 2007, S. 460; Miller, Die Frage der Rückkehr palästinensischer Flüchtlinge, 2007, S. 218; Takkenberg, The Status of Palestinian Refugees in International Law, 1997, S. 188.
199 Goodwin-Gill/McAdam, The Refugee in International Law, 2007, S. 459; Takkenberg, The Status of Palestinian Refugees in International Law, 1997, S. 180.
200 In der englischen Originalfassung lautet Art. 1 I 1: „A Contracting State shall grant its nationality to a person born in its territory who would otherwise be stateless."
201 UNTC, Convention on the Reduction of Statelessness, Stand: 03.03.2012.

Da die Erfüllung der Vertragspflichten an sich aber keine vorvertragliche Sorgfaltspflicht darstellen kann, lässt sich für Israel hieraus keine Verletzung von Art. 18 WVK ableiten.[202]

bb) Verstoß gegen Art. 15 I UDHR

Zwar ist es gewohnheitsrechtlich anerkannt, dass Staaten in der Gestaltung ihres Staatsangehörigkeitsrechts frei sind[203], allerdings könnte das israelische Nationality Law gegen Menschenrechte verstoßen. In Frage kommt hier Art. 15 I der Allgemeinen Erklärung der Menschenrechte (UDHR), wonach „*jeder*" das Recht auf eine Staatsangehörigkeit hat.[204] Obwohl die UDHR eine Resolution der UN GA und kein rechtsverbindlicher völkerrechtlicher Vertrag ist, könnte Art. 15 I UDHR doch Gewohnheitsrecht darstellen. Dies ist jedoch umstritten. Miller verneint dies mit Verweis darauf, dass Staatenlosigkeit gewohnheitsrechtlich bislang keinen widerrechtlichen Zustand bezeichne.[205] Die derzeit noch relativ geringe Anzahl der Vertragsstaaten des Übereinkommens zur Verminderung der Staatenlosigkeit spricht wohl tatsächlich eher gegen die Annahme eines bereits entstandenen gewohnheitsrechtlichen Satzes, dass Staatenlosigkeit einen widerrechtlichen Zustand bezeichnet.[206]

cc) Verstoß gegen die ICERD

Der Anti-Rassismus-Konvention (ICERD) von 1965 sind mit Stand vom 3. März 2012 insgesamt 175 Staaten beigetreten, darunter auch Israel am 3. Januar 1979.[207]
Insofern könnte das Staatsangehörigkeitsrecht Israels gegen Art. 5 d Nr. iii ICERD verstoßen, in dem sich die Vertragsstaaten verpflichten, alle Formen von Rassendiskriminierung zu beseitigen und jedem, ohne Unterscheidung hinsichtlich Rasse, Hautfarbe, nationaler oder ethnischer Herkunft, Gleichheit vor dem Gesetz einzuräumen, u.a. insbesondere in Bezug auf das Recht auf Staatsangehörigkeit.[208] Allerdings stellt Art. 1 III ICERD klar, dass die Konvention nicht die Rechtsvorschriften der Vertragsstaaten bzgl. Staatsangehörigkeit,

---

202 Miller, Die Frage der Rückkehr palästinensischer Flüchtlinge, 2007, S. 222.
203 Miller, Die Frage der Rückkehr palästinensischer Flüchtlinge, 2007, S. 225.
204 Art. 15 I UDHR lautet : „Everyone has the right to a nationality."
205 Miller, Die Frage der Rückkehr palästinensischer Flüchtlinge, 2007, S. 225.
206 So argumentiert auch Miller, Die Frage der Rückkehr palästinensischer Flüchtlinge, 2007, S. 225, Fn. 1062.
207 UNTC, International Convention on the Elimination of All Forms of Racial Discrimination, Stand: 03.03.2012.
208 In der englischen Originalfassung lautet Art. 5 d Nr. iii ICERD: „States Parties undertake to prohibit and to eliminate racial discrimination in all its forms and to guarantee the right of everyone, without distinction as to race, colour, or national or ethnic origin, to equality before the law, notably in the enjoyment of the following rights: (…) (d) Other civil rights, in particular: (…) (iii) The right to nationality."

Staatsbürgerschaft oder Einbürgerung berührt, sofern diese nicht bestimmte Nationalitäten diskriminieren.[209]

Das israelische Staatsangehörigkeitsrecht diskriminiert aber nicht bestimmte Nationalitäten, da die palästinensischen Flüchtlinge, die aus den Gebieten des heutigen Israel flohen, ja keine Staatsangehörigkeit besitzen. Das israelische Staatsangehörigkeitsrecht diskriminiert auch nicht Personen bestimmter Rasse, Hautfarbe oder ethnischer Herkunft - wohl aber Personen bestimmter Religion, und zwar alle Personen, die nicht jüdischer Religionszugehörigkeit sind.

Israel betrachtet sich selbst als Heimat für alle Juden.[210] In Art. 1 des Basic Law: Human Dignity and Liberty wird festgehalten, dass Israel ein „*jüdischer Staat*" ist.[211]
Das Law of Return garantiert jedem Juden, egal welcher Herkunft, das Recht als "*oleh*[212]" nach Israel zu immigrieren. Das israelische Staatsangehörigkeitsgesetz erlaubt es gem. Art. 2 dann all jenen, die nach Israel unter Anwendung des "*Rückkehrrechts*" eingewandert sind, nahezu automatisch die israelische Staatsbürgerschaft zu erhalten.
Für Nicht-Juden ist es nach dem Staatsangehörigkeitsrecht Israels so gut wie unmöglich, nach Israel zu immigrieren und die israelische Staatsangehörigkeit zu erlangen.[213]

Bereits in der Res. 3151 G (XXVIII) vom 14. Dezember 1973 hat die UN GA die "*unholy alliance between Portuguese colonialism, South African racism and zionism and Israeli imperialism*" verurteilt.[214] Später wird in UN GA Res. 3379 (XXX) vom 10. November 1975 festgestellt, dass der Zionismus eine Form des Rassismus und der Rassendiskriminierung darstelle.[215] In dieser Resolution wird die Political Declaration and Strategy to Strengthen International Peace and Security and to Intensify Solidarity and Mutual Assistance among Non-Aligned Countries von 1975 zitiert, worin der Zionismus gar als eine Bedrohung für den Weltfrieden und die Sicherheit angesehen und als rassistische und imperialistische Ideologie bezeichnet wird.[216]

---

[209] Art. 1 III ICERD lautet in der englischen Originalfassung:„Nothing in this Convention may be interpreted as affecting in any way the legal provisions of States Parties concerning nationality, citizenship or naturalization, provided that such provisions do not discriminate against any particular nationality."
[210] Gans, A Just Zionism, 2008, S. 125.
[211] In Art. 1 des Basic Law:Human Dignity and Liberty heißt es: „The purpose of this Basic Law is to protect human dignity and liberty, in order to establish in a Basic Law the values of the State of Israel as a *Jewish* and democratic state."
[212] Ein „oleh" ist ein Jude, der nach Israel immigriert.
[213] Gans, A Just Zionism, 2008, S. 125.
[214] UN GA Res. 3151 G (XXVIII), S 4.
[215] "The General Assembly (...) determines that zionism is a form of racism and racial discrimination."
[216] UN GA Res. 3379 (XXX).

Zuvor habe auch die Assembly of Heads of State and Government of the OAU die Regime in Simbabwe, Südafrika und den OPT gleichgesetzt und diese als rassistisch bezeichnet.[217]

UN GA Res. 3379 (XXX) nimmt zudem Bezug auf die Declaration of Mexico on the Equality of Women and Their Contribution to Development and Peace von 1975. Diese enthalte eine Formulierung, in der Kolonialismus, Neo-Kolonialismus, fremde Besatzung, Zionismus, Apartheid und Rassendiskriminierung in einem Satz aufgezählt werden und geschlussfolgert wird, dass diese zur Schaffung von Frieden beseitigt werden müssten.[218]

16 Jahre später wird diese Resolution allerdings durch UN GA Res. 46/86 widerrufen. In der Resolution vom 16. Dezember 1991 heißt es, ohne weitere Erläuterung, dass sich die UN GA entschließt *„to revoke the determination contained in its resolution 3379 (XXX) of 10 November 1975."*

Dieser Entschluss ist im Zusammenhang mit der Madrider Friedenskonferenz zu sehen, die seitens der USA organisiert wurde und vom 30. Oktober – 1. November 1991 stattfand. Bereits im Vorfeld der Konferenz setzten sich die USA in diplomatischen Kreisen für eine Rücknahme dieser Resolution ein.[219] Scheinbar wurde die Aussage, dass der Zionismus eine Form des Rassismus sei, seitens der USA als Hindernis für bilaterale Friedensverhandlungen angesehen, da durch diese Formulierung letztendlich Israel diskreditiert worden wäre.

Das Merkmal *„Religion"*[220] wurde nicht als Diskriminierungskriterium in die ICERD aufgenommen. Wie bereits oben dargestellt, ist die ICERD aber ohnehin nicht auf fremde Staatsangehörige anwendbar, so dass das Staatsangehörigkeitsrecht Israels nicht diskriminierend im Sinne der ICERD ist.

Palästinensische 1948-Flüchtlinge, die im ehemaligen Mandatsgebiet Palästina, das zum Staat Israel wurde, geboren sind, haben demnach keinen Anspruch auf Erlangung der israelischen Staatsbürgerschaft, da sie nicht der jüdischen Religion angehören und sich nicht im gesamten Zeitraum von 14. Mai 1948 bis 1. April 1952 in Israel aufgehalten haben.

Im Ergebnis verstößt das Staatsangehörigkeitsrecht Israels nicht gegen internationales Recht, so dass keine Verpflichtung besteht, den palästinensischen 1948-Flüchtlingen die israelische Staatsangehörigkeit zu verleihen. Dieses Ergebnis entspricht der aktuellen Rechtslage, ist aber aus hiesiger Sicht äußerst unbefriedigend.

---

217 UN GA Res. 3379 (XXX).
218 UN GA Res. 3379 (XXX).
219 Quigley, The case for Palestine, 2005, S. 215.
220 Art. 2 I IPbürgR enthält zwar das Kriterium „Religion" als unzulässiges Merkmal für Ungleichbehandlungen. Allerdings gilt dies nur für die sich im Gebiet eines Vertragsstaats befindlichen und seiner Hoheitsgewalt unterstehenden Personen und kann daher nicht in Bezug auf das israelische Staatsangehörigkeitsrecht und die palästinensischen Flüchtlinge angewendet werde.

Die Möglichkeit einer Einbürgerung würde aber nicht erst am israelischen Staatsangehörigkeitsrecht scheitern, sondern bereits daran, dass Israel den palästinensischen Flüchtlingen die Einreise verweigert. Auf diese Problematik, ob den palästinensischen Flüchtlingen ein Rückkehranspruch zusteht, wird weiter unten eingegangen.

3. Staatenlosigkeit der palästinensischen Flüchtlinge in den OPT

Im Gegensatz zu Israel ist im Westjordanland und dem Gaza-Streifen kein Staat entstanden. Gem. Art. 1 der Montevideo Convention on Rights and Duties of States von 1933 muss ein Staat als Subjekt des internationalen Rechts die folgenden Kriterien erfüllen: Staatsvolk, definiertes Territorium, Staatsgewalt und die Fähigkeit, Beziehungen zu anderen Staaten einzugehen.[221] Am 15. November 1988 erklärte der Palestine National Council (PNC) zwar die Unabhängigkeit des Staats Palästina.[222] Aufgrund der israelischen Besatzung kann die palästinensische Volksvertretung aber keine wirksame Staatsgewalt in den OPT ausüben.

Mit der Einteilung des Westjordanlands in drei Zonen im Rahmen des Taba-Abkommens (Oslo II) von 1995 sind „*voneinander isolierte palästinensische Kantone oder Bantustans ohne territorialen Zusammenhang*" entstanden.[223] Durch Abriegelungen, Siedlungsbau und ein die Siedlungen verbindendes Straßennetz sowie die Errichtung einer Mauer wird diese Separation festgeschrieben. Die sog. C-Gebiete, die unter alleiniger israelischer Kontrolle stehen, machen 70% des Territoriums des Westjordanlands aus.[224] In diesen Gebieten leben heute nur noch etwa 6% der Palästinenser des Westjordanlands.[225]

---

[221] Art. 1 der Convention on Rights and Duties of States in englischer Originalfassung lautet: „The state as a person of international law should possess the following qualifications: a) a permanent population; b) a defined territory; c) government; and d) capacity to enter into relations with the other states."

[222] In der Declaration of Independence vom 15. November 1988 heißt es: „The Palestine National Council hereby declares, in the Name of God and on behalf of the Palestinian Arab people, the establishment of the State of Palestine in the land of Palestine with its capital at Jerusalem."

[223] Abu Mugheisib, Die israelisch-palästinensischen Abkommen, 1997, S. 115.

[224] Abu Mugheisib, Die israelisch-palästinensischen Abkommen, 1997, S. 107, 115.

[225] Vgl. Neue Züricher Zeitung, Europäischer Druck auf Israel, 20.01.2012, die sich auf einen EU-Bericht bezieht.

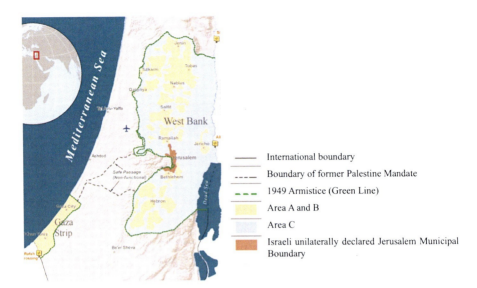

Abb. 13: Einteilung der OPT in Zonen

Die Palästinenser verfügen damit auch nicht über ein definiertes, zusammenhängendes Staatsgebiet, auf dem sie ihre Staatsgewalt ausüben können.

Im Jahr 2001 gab Israel bekannt, eine Mauer (*"security wall"*) zu bauen, die Israel vom Westjordanland trennt. Die Mauer soll nach ihrer Fertigstellung insgesamt 708 km lang sein. Derzeit sind bereits 61,8% der Mauer fertiggestellt. Wenn der Bau vollendet ist, wird ca. 85% der Mauer innerhalb des Westjordanlandes verlaufen. Etwa 25.000 Palästinenser werden dann zwischen der *Green Line* und der Mauer wohnen und etwa 9,4% des Westjordanlandes wird durch die Mauer völlig isoliert werden.[226]

---

226 UN OCHA, Palestinian communities affected by the barrier, Dezember 2011.

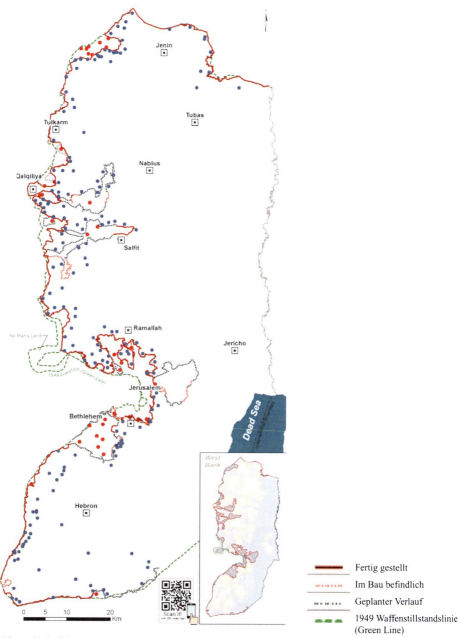

Abb. 14: Verlauf der Mauer

Das sog. palästinensische Autonomiegebiet, das lediglich 6,6% des ursprünglichen Mandatsgebiets Palästina umfasst, bedeutet letztlich nur eine „*begrenzte Selbstverwaltung ohne jede territoriale Souveränität*", wobei die Selbstverwaltung „*ihre Grenzen in den von Israel geltend gemachten Sicherheitsinteressen*" findet.[227]

Das Gebilde „*Palästina*" sollte deshalb als Staat in *statu nascendi* betrachtet werden. Es wäre verfrüht, ihn als Staat, wie es das internationale Recht bestimmt, zu bezeichnen.[228]

Die Einwohner des Westjordanlands, das bis 1988 von Jordanien annektiert war, hatten mit Entscheidung von König Hussein am 31. Juli 1988, die rechtlichen und administrativen Bindungen Jordaniens zum Westjordanland zu lösen, die jordanische Staatsangehörigkeit verloren und sind somit staatenlos geworden.[229]

Die Einwohner des Gaza-Streifens sind bereits seit der Beendigung des britischen Mandats staatenlos, da Ägypten das Gebiet 1949 nicht annektiert hatte, sondern lediglich verwaltete.[230] Sowohl die palästinensischen Flüchtlinge in den OPT als auch die Palästinenser, die aus diesen Gebieten flohen, haben nicht die palästinensische Staatsangehörigkeit erlangt und sind staatenlos. Eine Ausnahme stellen jene Flüchtlinge dar, die die Staatsangehörigkeit eines anderen Staates angenommen haben.

4. Anwendungsbereich des Staatenlosenübereinkommens

Gemäß der Präambel des Staatenlosenübereinkommens gilt das Abkommen nur für Staatenlose, die nicht gleichzeitig Flüchtlinge sind, da für diese die GFK gilt.[231]

Allerdings wurde oben dargestellt, dass für viele palästinensische Flüchtlinge der Anwendungsbereich der GFK gem. Art. 1 D S. 1 GFK (temporär) ausgeschlossen ist. Daher müsste für die palästinensischen Flüchtlinge, die nicht vom Anwendungsbereich der GFK umfasst und gleichzeitig staatenlos sind, das Staatenlosenübereinkommen gelten.

Allerdings enthält Art. 1 II Nr. 1 des Staatenlosenübereinkommens eine ähnliche Klausel wie Art. 1 D GFK. Denn Personen, „*denen gegenwärtig ein Organ oder eine Organisation der Vereinten Nationen mit Ausnahme des Hohen Flüchtlingskommissars der Vereinten Nationen*

---

227 Abu Mugheisib, Die israelisch-palästinensischen Abkommen, 1997, S. 115.
228 Takkenberg, The Status of Palestinian Refugees in International Law, 1997, S. 185f.
229 Nevo, The Political Context of the Triangle, 2008, S. 21; Shemesh, Bilateral and Trilateral Political Cooperation, 2008, S. 30; Takkenberg, The Status of Palestinian Refugees in International Law, 1997, S. 189.
230 Quigley, The Case for Palestine, 2005, S. 153; Miller, Die Frage der Rückkehr palästinensischer Flüchtlinge, 2007, S. 217.
231 In der Präambel heißt es in der englischen Originalfassung: „Considering that only those stateless persons who are also refugees are covered by the Convention relating to the Status of Refugees of 28 July 1951, and that there are many stateless persons who are not covered by that Convention."

Schutz oder Beistand gewährt, solange sie diesen Schutz oder Beistand genießen", sind vom Anwendungsbereich des Staatenlosenübereinkommens ausgeschlossen.[232] Auch hier wird auf die palästinensischen Flüchtlinge, die in das Mandat von UNRWA fallen, Bezug genommen.[233]

5. Zwischenergebnis

Sofern die palästinensischen Flüchtlinge also nicht die Staatsangehörigkeit eines anderen Landes erlangt haben, sind sie als staatenlos anzusehen. Dies trifft für die Mehrzahl der palästinensischen Flüchtlinge zu. Eine Ausnahme stellen, wie bereits oben ausgeführt, die 1948-Flüchtlinge sowie die 1967-Vertriebenen aus dem Westjordanland dar, die nach Jordanien geflohen sind. Diese haben die volle jordanische Staatsangehörigkeit erhalten.

Die Mehrzahl der palästinensischen Flüchtlinge ist also staatenlos. Aktuell ist Staatenlosigkeit aber (noch) kein widerrechtlicher Zustand. Den 1948-Flüchtlingen steht insbesondere gegenüber Israel - als Nachfolgestaat eines Teils des britischen Mandatsgebiets Palästina - kein Anspruch auf Erlangung der israelischen Staatsbürgerschaft zu, auch wenn sie dort geboren sind und die damalige palästinensische Staatsangehörigkeit inne hatten. Vom Anwendungsbereich des Staatenlosenübereinkommens sind sie gem. Art. 1 II Nr. 1 desselben ausgeschlossen.

---

232 In der englischen Originalfassung lautet Art. 1 II Nr. 1 des Staatenlosenübereinkommens: „This Convention shall not apply: To persons who are at present receiving from organs or agencies of the United Nations other than the United Nations High Commissioner for Refugees protection or assistance so long as they are receiving such protection or assistance."
233 Takkenberg, The Status of Palestinian Refugees in International Law, 1997, S. 193.

VIII. Recht auf Rückkehr

In Bezug auf die Frage des Rückkehrrechts palästinensischer Flüchtlinge muss unterschieden werden zwischen einem möglichen individualrechtlichen und einem kollektivrechtlichen Anspruch, der sich auf die palästinensischen Flüchtlinge als Bevölkerungsgruppe bezieht. Im Folgenden wird sich die Prüfung allerdings ausschließlich auf die Kollektivrechte auf Rückkehr beschränken.

Seitens UNHCR wird in Bezug auf Flüchtlingssituationen grundsätzlich eine dauerhafte Lösung angestrebt. Die bevorzugte dauerhafte Lösung stellt dabei die freiwillige Rückkehr dar.[234] In diesem Sinne sollte es sich von selbst verstehen, dass dies auch im Fall der palästinensischen Flüchtlinge gilt. Die Flüchtlingssituationen der Palästinenser dauert aber zum Teil bereits seit 64 Jahren an. An dem Rückkehrwillen der palästinensischen Flüchtlinge mangelt es grundsätzlich nicht.

Allerdings lehnt Israel die Rückkehr der 1948-Flüchtlinge rigoros ab.[235] Die Rückkehr der Palästinenser, die im Rahmen des 1967-Konflikts flohen, war jedoch Gegenstand des Oslo-Abkommens und des israelisch-jordanischen Friedensvertrags.[236] Im Rahmen des Oslo-Abkommen von 1993 stimmte Israel prinzipiell der Rückkehr der Palästinenser, die 1967 aus dem Gaza-Streifen und dem Westjordanland vertrieben wurden, zu. Die Frage der Rückkehr der 1948-Flüchtlinge wurde allerdings bewusst vermieden und auf die sog. *final status negotiations* verschoben.[237]

Auch wenn Israel prinzipiell der Rückkehr der 1967-Flüchtlinge zugestimmt hat, ist eine Umsetzung der Vereinbarung bislang nicht erfolgt.

Im Gegenteil: 1996 veröffentlichte die israelische Regierung Richtlinien, wonach die Rückkehr der palästinensischen Flüchtlinge in ihre ursprünglichen Wohngebiete eine Gefahr für die „*demographische Sicherheit*" darstellt. Diese Richtlinien treffen sowohl auf die Rückkehr der 1948-Flüchtlinge nach Israel zu als auch auf die Rückkehr der Palästinenser, die 1967 aus Gaza und dem Westjordanland flohen.[238]

Die sog. *final status negotiations* fanden zwar im Juli 2000 unter Vermittlung der USA im Camp David statt, verliefen aber ergebnislos. Israel weigerte sich strikt, ein Rückkehrrecht der

---

234 UNHCR EXCOM, Beschluss Nr. 109, 2009, S. 2; UNHCR, Agenda für den Flüchtlingsschutz, 2003, S. 86; UNHCR, Handbook for Emergencies, 1998, S. 8.
235 Ofteringer, Palästinensische Flüchtlinge, Friedensprozess und internationale Flüchtlingspolitik, 1997, S. 77; Quigley, The case for Palestine, 2005, S. 233; Sayigh, Palästinenser im Libanon, 1997, S. 19.
236 Abu Mugheisib, Die israelisch-palästinensischen Abkommen, 1997, S. 108.
237 Klein, Operating the Triangle by Bilateral Agreements, 2008, S. 47.
238 Ofteringer, Palästinensische Flüchtlinge, Friedensprozess und internationale Flüchtlingspolitik, 1997, S. 77.

Palästinenser nach Israel anzuerkennen.[239] Auch ein weiterer und vorerst letzter Verhandlungsversuch im Januar 2001 in Taba brachte kein formales Ergebnis. Zwar wurden sog. *Non-Papers* ausgetauscht, die als Verhandlungsgrundlage dienen sollten. Die Gespräche wurden aber von israelischer Seite unterbrochen, nachdem zwei Israelis im Westjordanland getötet wurden, und später nicht fortgesetzt, da der damalige israelische Premierminister Barak in der Folge nicht mehr wiedergewählt wurde.[240]

1. Rückkehranspruch gem. UN-Resolutionen

Ein Rückkehranspruch der palästinensischen Flüchtlinge könnte sich zunächst aus den einschlägigen Resolution der UN GA und dem UN Sicherheitsrat (SC) ergeben.

a) UN GA Res. 194 (III)

UN GA Res. 194 (III) von 1948, mit der die UNCCP gegründet wurde, enthält in Absatz 11 die folgende grundlegende Entscheidung bzgl. der Rückkehr der Flüchtlinge: *„(...) the refugees wishing to return to their homes and live at peace with their neighbours should be permitted to do so at the earliest practicable date, and that compensation should be paid for the property of those choosing not to return and for loss of or damage to property which, under principles of international law or in equity, should be made good by the Government or authorities responsible"*.

Nach UN GA Res. 194 (III) sollen also die palästinensischen Flüchtlinge die Wahl zwischen der Rückkehr und einer Entschädigung für zurückgelassenes Eigentum haben. Allerdings sollen auch die Flüchtlinge, die eine Rückkehr wünschen, eine Entschädigung für die Zerstörung oder den Verlust (Enteignung) von Eigentum erhalten.

aa) „to their homes"

Die Rückkehr im Sinne der UN GA Res. 194 (III) soll sich auf *„their homes"* beziehen. Dass hiermit tatsächlich die ursprünglichen Wohnorte gemeint sind und nicht lediglich irgendeine Region in Israel, ergibt sich aus dem Entscheidungsprozess der Resolution. In der Abstimmung über die Resolution wurde die Formulierung *„their homes"*, anstelle von *„the areas from which they have come"* klar befürwortet.[241]

---

239 Chiller-Glaus, Tackling the Intractable, 2007, S. 167-169, 176f., 185.
240 Chiller-Glaus, Tackling the Intractable, 2007, S. 205, 209, 213.
241 Miller, Die Frage der Rückkehr palästinensischer Flüchtlinge, 2007, S. 318f.

Für eine Rückkehr in die ursprünglichen Wohngebiete, die heute zum Staat Israel gehören, kommen nur die palästinensischen Flüchtlinge in Betracht, die von dort geflohen sind. Bei diesen Personen handelt es sich hauptsächlich um Palästinenser, die im Zusammenhang mit dem Krieg von 1948 zu Flüchtlingen wurden.

bb) „whishing to (...) live at peace with their neighbours"

Die Formulierung „*whishing to (...) live at peace with their neighbours*" stellt auf den subjektiven Wunsch des rückkehrwilligen Flüchtlings nach friedlicher Koexistenz mit den israelischen Bürgern ab. Wie die Kriterien im Einzelnen aussehen sollen, wonach sich dies richten soll, ist unklar und bedarf näherer Abstimmung zwischen den Konfliktparteien.[242]
Es kann davon ausgegangen werden, dass seitens Israels hier hohe Anforderungskriterien vorgegeben werden, sollte es je zu einer ernsthaften Verhandlung über die Rückkehrfrage der Flüchtlinge kommen. Wahrscheinlich wäre dies das Hauptargument Israels für die Ablehnung eines Rückkehranspruchs. Denn letztendlich könnte man das Fehlen eines „*Willens zu friedlichem Zusammenleben*" auch schon darin sehen, dass ein Palästinenser irgendwann eine Äußerung gegen den jüdischen Charakter Israels getätigt oder der *Nakba* gedacht hat.
Erst am 22. März 2011 hat die Knesset das bereits oben erwähnte Nakba Law erlassen. Zwar gilt das Gesetz nur für Institutionen, es erscheint aber nicht unwahrscheinlich, dass Israel die hier entwickelten "*Grundsätze*" nicht auch auf andere Lebenssachverhalte – z.B. die Prüfung des Willens zur "*friedlichen Koexistenz*" - anwenden würde. Da das Gedenken an die *Nakba* jedoch untrennbar zur Identität der Palästinenser gehört, könnte Israel im Sinne des Nakba Law argumentieren, dass damit die Staatsgründung Israels als Trauertag angesehen wird. Dies wiederum könnte als Nicht-Anerkennung des Existenzrechts des Staates Israel interpretiert werden, was letztendlich bedeutete, dass die palästinensischen Flüchtlinge keinen Willen zum friedlichen Zusammenleben im Staat Israel hätten. Die Anwendung der oben exemplarisch dargestellten Argumentationskette durch Israel ist aus hiesiger Sicht nicht gänzlich unwahrscheinlich. Dieser Argumentation wird hier zwar nicht gefolgt, soll aber verdeutlichen, wie vage die Formulierung in der UN GA gehalten ist und wie viel Verhandlungsspielraum dadurch gelassen wurde.

---

242 Miller, Die Frage der Rückkehr palästinensischer Flüchtlinge, 2007, S. 320f.

cc) „at the earliest practicable date"

Ebenso vage ist die weitere Formulierung „*should*" (nicht „*shall*") „*be permitted to do so at the earliest practicable*"(nicht „*possible*") „*date*". Im Rahmen der Prüfung des frühst möglichen Termins für eine praktische Durchführbarkeit bzw. Machbarkeit könnte Israel zum einen auf die unter Punkt II, 3. dargestellte veränderte Infrastruktur und Raumnutzung seit der Flucht verweisen - mit dem Ergebnis, dass eine Rückkehr erst praktisch möglich wäre, wenn entsprechende Unterbringungsmöglichkeiten neu geschaffen sind. Dies kann bekanntermaßen einige Zeit in Anspruch nehmen. Zum anderen könnte Israel auch hier wieder „*Sicherheitsbedenken*" anmelden und mangelnden Willen zur friedlichen Koexistenz seitens der muslimischen palästinensischen Flüchtlinge in einem „*jüdischen Staat*" unterstellen. Solange derartige „*Sicherheitsbedenken*" fortbestehen, könnte die Rückkehr aus Sicht Israels demnach auch nicht machbar sein.

Es wird deutlich, dass die Formulierung der UN GA Res.194 (III) zur Begründung eines Rückkehranspruchs der palästinensischen Flüchtlinge „*unglücklich*" ausgestaltet ist. Letztlich ist aber ohnehin fraglich, ob eine Resolution der UN GA als rechtlich verbindlich angesehen werden kann und sich aus ihr tatsächlich ein Anspruch auf Rückkehr herleiten lässt. Gem. Art. 10, 11 – 14 der Charta der Vereinten Nationen kann die UN GA „*Empfehlungen*" abgeben. Ob diese Empfehlungen jedenfalls in Fällen, in denen das Abstimmungsergebnis zu der Resolution einstimmig ausgefallen ist, rechtlich bindende Wirkung entfalten, ist umstritten. Die Entscheidung darüber kann hier aber unterbleiben, da UN GA Res. 194 (III) nicht einstimmig, sondern mit 35 zu 15 Stimmen bei 8 Enthaltungen angenommen wurde.[243]
Auch die Tatsache, dass UN GA Res. 194 (III) zu den am häufigsten durch die UN GA wiederholten Resolutionen überhaupt gehört, ändert - wie Miller feststellt - nichts an dem Ergebnis, dass Resolutionen der UN GA lediglich auf bestehendes (ggf. auch unklares) Völkergewohnheitsrecht verweisen, selbst aber keines generieren können.[244] Ein völkergewohnheitsrechtlicher Anspruch von Flüchtlingen auf Rückkehr, auf den UN GA Res. 194 (III) hinweisen könnte, könnte sich aus Art 12 IV IPbürgR ergeben. Dies wird im Folgenden unter Punkt VIII, 2. geprüft.

Zunächst soll aber geprüft werden, ob sich aus den Resolutionen des UN Sicherheitsrats etwas anderes ergibt.

---

243 Miller, Die Frage der Rückkehr palästinensischer Flüchtlinge, 2007, S. 332f.
244 Miller, Die Frage der Rückkehr palästinensischer Flüchtlinge, 2007, S. 331, 333-336.

b) UN SC Res. 237 (1967)

Im Gegensatz zur UN GA, gibt der UN SC *„Beschlüsse"* ab, die gem. Art. 25 UN Charta von den Mitgliedern der Vereinten Nationen *„anzunehmen und durchzuführen"* sind.
UN SC Res. 237 (1967) fordert Israel auf (*„calls upon the Government of Israel")* (...) *„to facilitate the return of those inhabitants who have fled the areas since the outbreak of the hostilities"*. UN SC Res. 237 wurde am 14. Juni verabschiedet, also 4 Tage nach dem Sechs-Tage-Krieg. Die Formulierung *„since the outbreak of the hostilities"* bezieht sich demnach direkt auf diesen Krieg und damit nur auf die 1967-Flüchtlinge. Diesen soll nach Wortlaut der Resolution unverkennbar seitens Israels die Rückkehr ermöglicht werden. In diesem Sinne stehen der israelischen Regierung auch kein Ermessens- und kein zeitlicher Spielraum zur Verfügung.[245]

c) UN SC Res. 242 (1967)

Am 22. November desselben Jahres verabschiedete der UN SC erneut eine Resolution, UN SC Res. 242 (1967), in der die noch im Juni klar geforderten Schritte nur noch sehr vage formuliert werden. In Bezug auf die Frage der Rückkehr der palästinensischen Flüchtlinge wird lediglich darauf hingewiesen, dass die Notwendigkeit einer gerechten Lösung erkannt wurde. In Nr. 2 b der Resolution heißt es: *„affirms (...) the necessity (...) for achieving a just settlement of the refugee problem"*. Diese *„gerechte Lösung"* soll im Rahmen umfassender bi- und multilateraler Friedensverhandlungen erzielt werden. Eine Klärung der Frage der Rückkehr der 1948-Flüchtlinge blieb bislang aber ergebnislos.

Fraglich ist, ob die 1967-Flüchtlinge, auf die sich UN SC Res. 237 bezieht, in der in UN SC Res. 242 gewählten Formulierung des *„refugee problem"* inbegriffen sind, womit die klare Forderung der Rückkehrgewährung aus UN SC Res. 237 mit UN SC Res. 242 insofern obsolet wäre. Dies ist nicht der Fall. Dass mit *„refugee problem"* tatsächlich nur die 1948-Flüchtlinge gemeint sind, zeigen auch die Resolutionen der UN GA, die in der Folge erlassen wurden (z.B. UN GA Res 2452 A, B (XXIII) von 1968). Denn in diesen wird die Unterscheidung zwischen 1967- und 1948-Flüchtlingen übernommen.[246]
Der Hauptgrund, warum es bzgl. der 1948-Flüchtlinge – im Gegensatz zu den 1967-Flüchtlingen - keine klare Grundsatzentscheidung des UN SC gibt, ist, dass die 1967-

---

245 Miller, Die Frage der Rückkehr palästinensischer Flüchtlinge, 2007, S. 362f.
246 Vgl. Miller, Die Frage der Rückkehr palästinensischer Flüchtlinge, 2007, S. 368-372.

Flüchtlinge aus Gebieten flohen, die dem palästinensischen Staat zugedacht sind. Die 1948-Flüchtlinge hingegen flohen u.a. auch aus Gebieten, die heute zu Israel gehören und in welche sie u.a. auch zurückkehren würden - so sie denn wollten und könnten.

d) Rückkehranspruch aus dem Selbstbestimmungsrecht des palästinensischen Volkes

Ab den 70er Jahren wird seitens der UN GA zunehmend auf das Selbstbestimmungsrecht des palästinensischen Volkes im Zusammenhang mit der Frage der Rückkehr der Flüchtlinge Bezug genommen. In UN GA Res. 2649 (XXV) von 1970 erfolgte erstmals die Anerkennung des Selbstbestimmungsrechts des palästinensischen Volkes.[247]

In UN GA Res. 3236 (XXIX) von 1974 wird dann erstmalig von dem Selbstbestimmungsrecht und dem Recht auf Rückkehr „*to their homes from which they have been displaced and uprooted*" als den „*inalienable rights*" gesprochen. Die vorherige Unterscheidung zwischen 1948- und 1967-Flüchtlingen erfolgt hier also nicht mehr. Das Rückkehrrecht der palästinensischen Flüchtlinge wird mit dieser Resolution in den Zusammenhang mit dem Selbstbestimmungsrecht des palästinensischen Volkes gebracht.[248] Durch den UN SC wurde dies in der Folge aber nicht in Resolutionen übernommen - u.a. aufgrund des Vetos seitens der USA.[249]

Allerdings muss angemerkt werden, dass das Rückkehrrecht und das Selbstbestimmungsrecht zwar beide unter die unveräußerlichen Rechte subsumiert werden, nicht aber das Rückkehrrecht unter das Selbstbestimmungsrecht des palästinensischen Volkes. Daraus folgt, dass das Selbstbestimmungsrecht im Rahmen der Gründung eines palästinensischen Staates umgesetzt werden soll, wonach dann eine Rückkehr der palästinensischen Flüchtlinge als Teil des palästinensischen Volkes in den gegründeten Staat erfolgen kann – nicht aber das Rückkehrrecht (nach Israel) zur Ausübung des Selbstbestimmungsrechts notwendig ist.[250]

Ab Mitte der 90er Jahre schließlich beziehen sich drei von durchschnittlich vier pro Jahr verabschiedeten Resolutionen der UN GA wieder direkt auf UN GA Res. 194 (III), nicht mehr nur allein auf UN GA Res. 3236. Hieraus kann gefolgert werden, dass für die Begründung des Rückkehranspruchs nicht mehr auf die unveräußerlichen Rechte des palästinensischen Volkes

---

[247] In Nr. 5 der UN GA 2649 (XXV) heißt es: „The General Assembly (...) condemns those Governments that deny the right to self-determination of peoples recognized as being entitled to it, especially of the peoples of (...) Palestine."
Vgl. auch Miller, Die Frage der Rückkehr palästinensischer Flüchtlinge, 2007, S. 373.
[248] Miller, Die Frage der Rückkehr palästinensischer Flüchtlinge, 2007, S. 376f.
[249] Miller, Die Frage der Rückkehr palästinensischer Flüchtlinge, 2007, S. 382, 388.
[250] Miller, Die Frage der Rückkehr palästinensischer Flüchtlinge, 2007, S. 389, 391.

zurückgegriffen werden soll, sondern wieder auf bestehendes Völkergewohnheitsrecht, auf das in UN GA Res. 194 (III) Bezug genommen wird.[251]

2. Rückkehranspruch gem. Art. 12 IV IPbürgR

Palästinensische Flüchtlinge könnten einen Rückkehranspruch gem. Art. 12 IV des Internationalen Paktes über bürgerliche und politische Rechte (IPbürgR) haben. Dieser bestimmt: „*Niemand darf willkürlich das Recht entzogen werden, in sein eigenes Land einzureisen.*"[252]

Der IPbürgR ist am 23. März 1976 in Kraft getreten und hat mit Stand 29. Februar 2012 insgesamt 167 Mitgliedstaaten. Auch Israel hat den Vertrag am 3. Oktober 1991 ratifiziert.[253] Art. 12 IV IPbürgR stellt das bislang stärkste Instrument zum Schutz des Rückkehrrechts allgemein dar. Dies ergibt sich zum einen aus der hohen Anzahl an Vertragsstaaten und zum anderen aus der rechtlichen Verbindlichkeit, die der IPbürgR als völkerrechtlicher Vertrag entfaltet.[254]

a) Anwendbarkeit auf Kollektive

Fraglich ist, ob das Menschenrecht auf Rückkehr gem. Art. 12 IV IPbürgR überhaupt auf Kollektive anwendbar ist.

In der Kommentierung des UN Human Rights Committee (UNHRC) zu Art. 12 IV IPbürgR wird nicht nur ausgeführt, dass das Recht auf Rückkehr insbesondere für „*Flüchtlinge*", die freiwillig zurückkehren wollen, von größter Wichtigkeit sei. Art. 12 IV IPbürgR impliziere darüber hinaus das Verbot von *Massen*vertreibungen.[255] Wie Miller feststellt, erkennt UNHRC trotz dieser Formulierung damit aber nicht etwa die eigene Rechtsträgerschaft von Gruppen an, sondern stellt auf die Rechte der einzelnen Individuen innerhalb einer Gruppe ab. Daher schlägt Miller eine fiktive Einzelfallprüfung des Rückkehranspruchs des einzelnen palästinensischen Flüchtlings vor, um aus diesem Ergebnis auf die Gesamtheit der palästinensischen Flüchtlinge zu schließen.[256] Diesem Verständnis wird hier gefolgt.

---

251 Miller, Die Frage der Rückkehr palästinensischer Flüchtlinge, 2007, S. 397-399.
252 Die englische Originalfassung lautet: „No one shall be arbitrarily deprived of the right to enter his own country."
253 UNTC, ICCPR, Stand 29.02.2012 .
254 Miller, Die Frage der Rückkehr palästinensischer Flüchtlinge, 2007, S. 183.
255 In Nr. 19 des General Comment No. 27: Freedom of movement (Art.12) des UNHRC von 1999 heißt es: „The right to return is of the utmost importance for refugees seeking voluntary repatriation. It also implies prohibition of enforced population transfers or mass expulsions to other countries."
256 Miller, Die Frage der Rückkehr palästinensischer Flüchtlinge, 2007, S. 191, 193.

b) Rückkehr nach Israel

Palästinensische Flüchtlinge könnten einen Anspruch auf Rückkehr in ihre ursprünglichen Wohngebiete im heutigen Israel gem. Art. 12 IV IPbürgR haben.
Viele Palästinenser der Generation, die 1948 aus dem heutigen Israel flohen, sind inzwischen verstorben. Ihren Flüchtlingsstatus haben sie aber „vererbt". Daher sind auch die Nachkommen der 1948-Flüchtlinge, die aus den Gebieten des heutigen Israels flohen, in dieser Untersuchung nicht zu vernachlässigen. Anderenfalls hätte sich Israel des „Problems" durch einfaches Abwarten entledigen können. Das widerspräche jeglichem Gerechtigkeitsempfinden und wird im Folgenden geprüft.

aa) „sein eigenes Land"

Fraglich ist zunächst, wie die Formulierung „sein eigenes Land" auszulegen ist. Sind damit nur Personen gemeint, die die Staatsangehörigkeit des Landes besitzen?
Unstreitig ist, dass Staaten grundsätzlich verpflichtet sind, eigene Staatsangehörige wieder aufzunehmen.[257] Allerdings besitzen palästinensische Flüchtlinge, die 1948 aus dem jetzigen Israel flohen nicht die israelische Staatsangehörigkeit. Dies wurde oben bereits ausführlich erörtert.
Im Gegensatz zu Art. 12 IV IPbürgR wird in Art. 12 I IPbürgR die Formulierung „Hoheitsgebiet eines Staates"[258] verwendet. Art.12 IV spricht also bewusst nicht von dem Recht in seinen eigenen „Staat" zurückzukehren, sondern statt dessen von dem eigenen „Land". Der Begriff „Staat" würde tatsächlich das Besitzen der entsprechenden Staatsangehörigkeit implizieren. Nach Auslegung anhand des Wortlautes kann also festgestellt werden, dass die Formulierung „sein eigenes Land" sich nicht nur auf die Staatsangehörige des Landes beschränkt.[259]
Obwohl die palästinensischen Flüchtlinge, die sich auf ein Rückkehrrecht gem. Art. 12 IV IPbürgR berufen, nicht notwendigerweise die israelische Staatsangehörigkeit besitzen müssen, müssten sie doch eine andere, spezielle Verbindung zu dem Land haben.
Der International Court of Justice (ICJ) hat in dem sog. Nottebohm-Fall bestimmte Kriterien entwickelt, die hier Anwendung finden könnten. In diesem Fall hatte der ICJ darüber zu entscheiden, welche Staatsangehörigkeit Nottebohm effektiv inne hatte. In seinem Urteil vom 6. April 1955 definiert der ICJ das Wesen der Staatsangehörigkeit wie folgt: „nationality is a

---
257 Miller, Die Frage der Rückkehr palästinensischer Flüchtlinge, 2007, S. 194.
258 Die englische Originalfassung lautet: „the territory of a State".
259 Miller, Die Frage der Rückkehr palästinensischer Flüchtlinge, 2007, S. 196f., 202.

legal bond having as its basis a social fact of attachment, a genuine connection of existence, interests and sentiments, together with the existence of reciprocal rights and duties."[260]
Es wird klargestellt, dass das rechtliche Band zwischen einer Person und einem Staat, das mit der Staatsangehörigkeit begründet wird, vor allem auf sozialen Faktoren und einer Verbundenheit beruht. Zur Ermittlung der effektiven Staatsangehörigkeit können, dem ICJ zufolge, also vor allem folgende Kriterien herangezogen werden: *„tradition", „establishment", „interests", „activities", „family ties", „intentions for the near future"*.[261]
Auch in der Kommentierung des UNHRC zu Art. 12 IV IPbürgR wird dargelegt, dass *„the scope of 'his own country' is broader than the concept 'country of his nationality'. It is not limited to nationality in a formal sense (...). It embraces, at the very least, an individual who, because of his or her special ties to or claims in relation to a given country, cannot be considered to be a mere alien.*"[262]

Die o.g. Kriterien sollen nun auf die palästinensischen 1948-Flüchtlinge und deren Nachkommen übertragen werden, um zu ermitteln, ob zwischen diesen ein sog. *genuine link* zu dem Land, das u.a. heute zum Staat Israel gehört, besteht - was es gem. Art. 12 IV IPbürgR zu ihrem *„eigenen Land"* machen würde.

Die Lage der palästinensischen Flüchtlinge dauert mittlerweile seit mehr als 60 Jahren an und viele der Palästinenser, die 1948 flohen, sind inzwischen verstorben.

Elias Khoury beschreibt in seinem Epos *„Das Tor zur Sonne"*, für das er den Palästinapreis erhielt, den palästinensisch-israelischen Konflikt und die Schicksale von palästinensischen Flüchtlingen in libanesischen Flüchtlingslagern. Khoury ist selbst Palästinenser und wurde 1948 in Beirut geboren und kann somit durchaus als Zeitzeuge bezeichnet werden. An vielen Stellen in seinem Roman wird die tiefe Verwurzelung palästinensischer Flüchtlinge mit ihrem Heimatland deutlich. Beispielsweise schreibt Khoury: *„Sie nahmen uns das Land (...) und wir sahen ihnen dabei zu. Es ist, als würde man sich selbst im Spiegel beim Sterben zusehen."*[263]

Dass zwischen den 1948-Flüchtlingen, die in den Gebieten des heutigen Israel geboren wurden, die damalige palästinensische Staatsangehörigkeit inne hatten und dort bis zur Flucht ihren Lebensmittelpunkt hatten, eine authentische Verbindung mit dem Land besteht, ist

---

260 ICJ Reports 1955, 4, 23.
261 ICJ Reports 1955, 4, 24.
262 UNHRC, General Comment No. 27: Freedom of movement (Art.12), 1999, Nr. 20.
263 Khoury, Das Tor zur Sonne, 2004, S. 100.

unstreitig. Auch seitens Israels wird dies nicht in Frage gestellt. Diese Verbindung im Sinne des Art. 12 IV IPbürgR muss sich auch nicht auf das politische Regime beziehen.[264]

Fraglich ist, ob der *genuine link* auch zwischen den Nachkommen der 1948-Flüchtlinge und dem Land besteht.

Die Nachkommen dieser Flüchtlinge sind in den meisten Fällen im Exil geboren und haben das Heimatland der Eltern oder Großeltern nie betreten. In Jordanien haben viele der Flüchtlinge sogar die jordanische Staatsangehörigkeit angenommen. Trotzdem sehen sie immer noch das ehemalige Mandatsgebiet Palästina als ihre Heimat an. Die Bilder und Geschichten der Heimat werden von Generation zu Generation weitergegeben.

Khoury schreibt in seinem Roman: *„Denn wir im Flüchtlingslager sehen nicht, sondern erinnern uns. Wir erinnern uns an Dinge, die wir nicht selbst erlebt haben, denn wir eignen uns die Erinnerungen anderer an. Aufs engste zusammengepfercht riechen wir den Duft der Olivenhaine und Orangenplantagen."*[265]

Im Rahmen mehrerer längerer Aufenthalte bei palästinensischen Flüchtlingsfamilien in Jordanien habe ich die Erfahrung gemacht, dass beispielsweise bei nahezu jedem größeren Familienessen (zumindest bei denen ich anwesend war) früher oder später das Gespräch auf „Palästina" gelenkt wird - sei es, weil die Großmutter oder ein Onkel erzählt, wie sie 1948 zu Fuß von Gaza nach Jordanien flohen, sei es aufgrund aktueller politischer Entwicklungen oder die schlichte Feststellung, dass man in Palästina Olivenbäume im Garten gepflanzt hatte. Auch wird letztlich die Wurzel jedes persönlichen Unglücks nach einer langen Kausalkette in der Flucht aus der Heimat und dem Exildasein gesehen. Es wird deutlich, dass das Land „Palästina" und die Flucht von dort bei palästinensischen Flüchtlingen die primären Identifikationsmerkmale darstellen. Dies ist auch bei den jungen Generationen sehr lebhaft. Bei Schulfesten werden traditionelle palästinensische Tänze aufgeführt und traditionelle palästinensische Kleidung getragen. Obwohl viele der palästinensischen Flüchtlinge in Jordanien die jordanische Staatsangehörigkeit besitzen, identifizieren sie sich in erster Linie als Palästinenser. Die jordanische Staatsbürgerschaft ist letztlich nur nützlich und erleichtert ihnen das Leben in Jordanien bis zu einem gewissen Grad.

Auch Sayigh hat in Bezug auf palästinensische Flüchtlinge im Libanon festgestellt, dass die Annahme der libanesischen Staatsangehörigkeit nicht das Gefühl palästinensischer Identität aufhebt, sondern dass diese lediglich praktische Bedeutung hat. Die praktische Bedeutung

---

264 Miller, Die Frage der Rückkehr palästinensischer Flüchtlinge, 2007, S. 230.
265 Khoury, Das Tor zur Sonne, 2004, S. 212.

bezieht sich auf die Arbeitssuche, die Möglichkeit der Krankenhausbehandlung und auf die Sozialversicherung.[266]

Auch im Rahmen des Projekts für palästinensische Residenz- und Flüchtlingsrechte des Alternative Information Center (AIC) wurde festgestellt, dass sich die palästinensischen Flüchtlinge in Jordanien eine zweifache Identität bewahrt haben. Allerdings soll dies nicht nur an den emotionalen, sozialen und politischen Bindungen zu Palästina liegen, sondern auch an der jordanischen Politik, wonach ethnische Jordanier z.B. bei der Vergabe von Stellen im öffentlichen Dienst bevorzugt werden.[267]

Dass die Nachkommen der 1948-Flüchtlinge, die aus den Gebieten des heutigen Israels flohen, nicht in der Heimat ihrer Eltern geboren sind, sondern im Exil, ist darauf zurückzuführen, dass Israel den 1948-Flüchtlingen konsequent die Einreise verweigert. Dass sie das Heimatland der Eltern oder Großeltern nie betreten haben, liegt ebenfalls darin begründet, dass Israel ihnen konsequent die Einreise verweigert und nicht etwa darin, dass sie sich in ihrem Zufluchtsland soweit integriert haben, dass für sie eine Einreise oder Ansiedlung nicht erstrebenswert wäre.

Miller lehnt einen eigenen *genuine link* zwischen den Nachkommen der 1948-Flüchtlinge und dem Land, aus dem ihre Eltern oder Großeltern flohen, mit Verweis darauf, dass diese das Land nie betreten haben, ab. Einen von der effektiven Verbindung der Vorfahren abgeleiteten *genuine link* hingegen bejaht sie mit Hinweis auf die mangelnde Integration in den Zufluchtsstaaten, der besonderen Bedeutung der palästinensischen Tradition in Verbindung mit dem Grundsatz der Erhaltung der Familie.[268]

bb) „willkürlich"

Die Verweigerung der Rückkehr der 1948-Flüchtlinge und deren Nachkommen in ihre ursprünglichen Wohngebiete seitens Israels müsste gem. Art. 12 IV IPbürgR *„willkürlich"* sein.

---

266 Sayigh, Palästinenser im Libanon, 1997, S. 34.
267 AIC, Palästinensische Flüchtlinge in Jordanien, 1997, S. 120.
268 Miller, Die Frage der Rückkehr palästinensischer Flüchtlinge, 2007, S. 234f., 239.

(1) öffentlicher Notstand

Art. 4 I IPbürgR enthält eine Regelung, nach der die Vertragsstaaten die Verpflichtungen gem. des IPbürgR *„im Falle eines öffentlichen Notstandes, der das Leben der Nation bedroht und der amtlich verkündet ist,"* in dem Umfang außer Kraft setzen können, den die Lage unbedingt erfordert. Die Notstandsmaßnahmen dürfen allerdings nicht *„sonstigen völkerrechtlichen Verpflichtungen"* zuwiderlaufen und *„keine Diskriminierung allein wegen der Rasse, der Hautfarbe, des Geschlechts, der Sprache, der Religion oder der sozialen Herkunft enthalten"*. Für bestimmte Rechte, in Art. 4 II IPbürgR aufgelistet sind, ist eine außer Kraft Setzung auch gänzlich ausgeschlossen. Art. 12 IPbürgR ist jedoch nicht in der Aufzählung enthalten. Das bedeutet, dass Israel die Möglichkeit hätte, den Rückkehranspruch der 1948-Flüchtlinge und deren Nachkommen gem. Art. 12 IV IPbürgR als Notstandsmaßnahme außer Kraft zu setzen, sofern dies, wie oben ausgeführt, keine Diskriminierung u.a. wegen der Rasse oder der Religion darstellt.

Seit dem 19. Mai 1948 befindet sich Israel im staatlichen Notstand, der gem. Abschnitt 9 der Law and Administration Ordinance, 5708-1948 durch die damalige Regierung verkündet wurde. In den neunziger Jahren erließ die Knesset ein neues Gesetz, wonach seitdem nun jährlich oder halbjährlich Notstandserklärungen durch die Knesset abgegeben werden.[269] Der staatliche Notstand dauert in Israel beinahe seit Staatsgründung, also bereits seit knapp 64 Jahren permanent an und stellt dort quasi den Normalzustand dar. Es drängt sich daher die Frage auf, ob der sog. Staatsnotstand von Israel als Instrument genutzt wird, um gezielt bestimmte Rechte außer Kraft zu setzen.

Israel stützt die Notwendigkeit der Aufrechterhaltung des Staatsnotstands auf die *„unfriedlichen zwischenstaatlichen Beziehungen im Nahen Osten"* und das *„innerstaatliche Problem des Terrorismus"*.[270]

Da die von Israel hinterlegte Notifizierungserklärung so auszulegen ist, dass Israel außer Art. 9 IPbürgR keine weitere Bestimmung des IPbürgR aufgrund des Staatsnotstands ausgesetzt hat,[271] kann hier allerdings dahin gestellt bleiben, ob die Rückkehrverweigerung als eine durch den Staatsnotstand gerechtfertigte Maßnahme anzusehen ist.

---

269 Miller, Die Frage der Rückkehr palästinensischer Flüchtlinge, 2007, S. 246f.
270 Miller, Die Frage der Rückkehr palästinensischer Flüchtlinge, 2007, S. 247.
271 Miller, Die Frage der Rückkehr palästinensischer Flüchtlinge, 2007, S. 253.

Die Verweigerung der Rückkehr der 1948-Flüchtlinge und deren Nachkommen durch Israel wäre dann nicht als willkürlich anzusehen, wenn sie „*verhältnismäßig, gesetzlich geregelt und nicht diskriminierend*" ist.[272]

(2) gesetzliche Grundlage

Trotz mehr als 60 jährigen Bestehens hat der Staat Israel bis dato keine Verfassung erlassen. Seit Mai 2003 arbeitet das Constitution, Law, and Justice Committee der Knesset an einem Entwurf für eine Verfassung.[273] Die gesetzliche Grundlage für die Rückkehrverweigerung ergibt sich aber aus den Vorschriften des Basic Law: Human Dignity and Liberty von 1992 in Verbindung mit dem Law of Return und dem Nationality Law.

In Art. 6 des Basic Law: Human Dignity and Liberty wird bestimmt, dass es *allen* Personen freisteht, Israel zu verlassen, aber nur *jeder israelische Staatsangehörige* das Recht hat, wieder nach Israel einzureisen.[274] Eine gesetzliche Grundlage für die Verweigerung der Rückkehr für die 1948-Flüchtlinge und deren Nachkommen ist also vorhanden.

(3) Verhältnismäßigkeit

Im Rahmen der Verhältnismäßigkeitsprüfung müsste nun untersucht werden, ob die Rückkehrverweigerung einem legitimen Zweck dient und ob sie geeignet, erforderlich und angemessen ist.

(a) geeignetes Mittel

Das UNHRC zumindest stellt klar, dass „*there are few, if any, circumstances in which deprivation of the right to enter one's own country could be reasonable.*"[275]

Israel argumentiert, dass eine massenhafte Rückkehr palästinensischer Flüchtlinge eine Gefahr für die Existenz des Staates darstellt. Außerdem wäre eine Rückkehr in die ursprünglichen Wohngebiete auch überhaupt nicht mehr machbar.[276] Das Hauptargument Israels gegen die Rückkehr palästinensischer Flüchtlinge ist allerdings der jüdische Charakter Israels.[277]

Die Aufrechterhaltung der nationalen Sicherheit und die Sicherung der Existenz des Staates als Element der staatlichen Souveränität kann aber grundsätzlich als ein legitimer Zweck

---

[272] Miller, Die Frage der Rückkehr palästinensischer Flüchtlinge, 2007, S. 271.
[273] CIA, World Factbook, Israel, 07.12.2011.
[274] Art. 6 a: „All persons are free to leave Israel."
    Art. 6 b: „Every Israel national has the right of entry into Israel from abroad."
[275] UNHRC, General Comment No. 27: Freedom of movement (Art.12), 1999, Nr. 21.
[276] Dowty, Israel/Palestine, 2008, 210, 21.
[277] Gans, A Just Zionism, 2008, S. 98.

angesehen werden.²⁷⁸ Fraglich ist, ob die Rückkehrverweigerung auch ein geeignetes Mittel zur Zielerreichung darstellt.

Miller kommt zu einem positiven Ergebnis und begründet dies mit der „*Unabsehbarkeit der Beteiligung oder Nichtbeteiligung der Rückkehrer an gewaltsamen Vorgängen, sowohl innerisraelischer als auch zwischenstaatlicher Art*".²⁷⁹

Aus meiner Sicht müsste man an dieser Stelle allerdings hinterfragen, was die Gründe für terroristische Angriffe innerhalb Israels und für das angespannte Verhältnis Israels zu den arabischen Staaten in der Region sind. In einem zweiten Schritt müsste entschieden werden, ob die Rückkehrverweigerung tatsächlich ein geeignetes Mittel darstellt, um die Sicherheit Israels zu gewährleisten.

Seit der Staatsgründung Israels kam es in der Region zu verschiedenen kriegerischen Auseinandersetzungen, in die Israel involviert war: z.B. der 1948-Krieg, der Sechs-Tage-Krieg von 1967 oder der Krieg mit Libanon 1982.

Friedensverträge hat Israel bislang mit Jordanien (1994) und Ägypten (1979) abgeschlossen.²⁸⁰ Israel unterhält auch lediglich zu Ägypten²⁸¹ und Jordanien²⁸² diplomatische Beziehungen.²⁸³

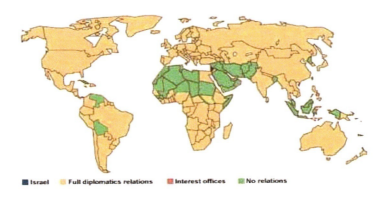

Abb. 15: Diplomatische Beziehungen Israels

---

278 Miller, Die Frage der Rückkehr palästinensischer Flüchtlinge, 2007, S. 272f.
279 Miller, Die Frage der Rückkehr palästinensischer Flüchtlinge, 2007, S. 277.
280 Fischbach, Records of Dispossession, 2003, S. 389f.; Miller, Die Frage der Rückkehr palästinensischer Flüchtlinge, 2007, S. 61, 63.
281 Im Februar 1980 hat Israel eine Botschaft in Ägypten eingerichtet.
282 Die israelische Botschaft in Jordanien wurde im Oktober 1994 eröffnet.
283 MFA, Israel's Diplomatic Missions Abroad, Status of relations, Stand: September 2011.

Die Politik Israels gegenüber den Palästinensern ist ein wesentlicher Grund für das angespannte Verhältnis Israels zu arabischen Staaten in der Region. Die Verweigerung der Rückkehr der 1948-Flüchtlinge und deren Nachkommen stellt einen wesentlichen Teilaspekt der Politik Israels in Bezug auf die Palästinenser dar.

Insbesondere von der Rückkehrverweigerung der Flüchtlinge sind auch die Aufnahmestaaten direkt betroffen. Stellt nun die strikte Aufrechterhaltung der Rückkehrverweigerung ein geeignetes Mittel dar, um die Beziehungen zu anderen arabischen Staaten in der Region zu verbessern, um so das Risiko feindseliger Angriffe von außerhalb zu verringern und die Sicherheit Israels zu gewährleisten?

Der Staat Israel wurde in einer seit Jahrhunderten arabisch geprägten Region gegründet. Es wird Israel nicht möglich sein, sich eine „*westliche*" Umgebung zu kreieren. Die Region ist arabisch geprägt und daran wird sich auch in naher Zukunft nichts ändern. Israel kann sich gegenüber den Staaten in der Region nicht komplett abschotten, sondern sollte sich mehr in der Region integrieren. Jedenfalls kann die Verweigerung der Rückkehr einer einst vertriebenen bzw. geflohenen indigenen arabisch-palästinensischen Bevölkerung – aus meiner Sicht - kein geeignetes Mittel darstellen, um die Sicherheit Israels in einer arabisch geprägten Region zu gewährleisten.

Was das Argument bzgl. der Verhinderung terroristischer Angriffe innerhalb Israels betrifft, so muss festgehalten werden, dass das Existenzrecht des Staates Israel seitens der PLO bereits mehrfach offiziell anerkannt wurde, beispielsweise am 23. September 2011 vor der UN GA im Rahmen der Übermittlung des Antrags auf Aufnahme Palästinas in die UN als volles Mitglied.[284] Es kann daher nicht grundsätzlich so argumentiert werden, dass die rückkehrenden 1948-Flüchtlinge und deren Nachkommen dem Staat Israel gegenüber feindlich gesinnt sind und ihn in seiner Existenz gefährden wollen.

Sicherlich kann letztlich nicht vorausgesagt werden, ob unter den Rückkehrern tatsächlich ein gewisser Prozentsatz Extremisten enthalten ist, der terroristische Angriffe verüben wird. Letztlich kann der palästinensischen Bevölkerung aber nicht pauschal unterstellt werden, dass diese radikale Extremisten seien.

(b) Zwischenergebnis

Im Ergebnis stellt die Verweigerung der Rückkehr der 1948-Flüchtlinge und deren Nachkommen aus hiesiger Sicht kein geeignetes Mittel dar, um die nationale Sicherheit

---

284 Vgl. Al Jazeera, Palestinians submit statehood request to UN, 23.09.2011.

aufrecht zu erhalten. Im Gegenteil, durch die konsequente Rückkehrverweigerung wird weiterhin Aggressionspotential unter den Palästinensern geschürt, von denen die überwiegende Mehrheit lediglich Gerechtigkeit will. Eine grundsätzliche Anerkennung des Anspruchs auf Rückkehr der 1948-Flüchtlinge und deren Nachkommen durch Israel würde zunächst deren Gerechtigkeitsempfinden entsprechen und ein positives Signal an die arabischen Staaten in der Region senden.

(4) Verbot der Diskriminierung gem. Art. 4 I IPbürgR

Miller greift in ihrer Argumentationskette u.a. die Verfolgung und Vernichtung der Juden zur Zeit des Nationalsozialismus in Deutschland sowie die auch heute noch in vielen europäischen Staaten existierenden Vereinigungen, die antisemitische Inhalte verbreiten und Angriffe gegen jüdische Einrichtungen verüben, auf und kommt zu dem Ergebnis, dass *„das israelische Rückkehrgesetz (...) als besondere, nicht als diskriminierend zu verstehende Maßnahme im Sinne von Art. 1 IV CERD für zulässig erachtet"* wird.[285]

Aus hiesiger Sicht kann jedoch vergangenes und gegenwärtiges Unrecht, das andernorts begangen wurde und wird, nicht zum Leidwesen der indigenen Bevölkerung, die daran keine Schuld trägt, verlagert werden. Denn so würde die indigene arabisch-palästinensische Bevölkerung für fremdes Unrecht zur Verantwortung gezogen.

Wie bereits oben dargestellt, diskriminiert das israelische Rückkehrrecht und das Staatsangehörigkeitsrecht hiesigen Erachtens Personen, die nicht der jüdischen Religion angehören. Israel versteht sich gem. Art. 1 des Basic Law: Human Dignity and Liberty als jüdischen Staat und fürchtet *„schwerwiegende demographische Verschiebungen hin zu einer Mehrheit der nicht-jüdischen Einwohner"*[286], sollten die Palästinenser, die hauptsächlich islamischer Religionszugehörigkeit sind, in ihre ursprünglichen Wohngebiete innerhalb Israels zurückkehren. Die sehr liberalen Immigrationsregelungen für Juden sollen eine zahlreiche „Rückkehr" dieser aus anderen Teilen der Welt fördern. Angesichts der allgemein höheren Geburtenrate palästinensischer Frauen soll so sichergestellt werden, dass die jüdischen Religionszugehörigen im jüdischen Staat Israel stets die Bevölkerungsmehrheit bilden. Derzeit ist dies der Fall. Laut Zensus 2008 sind in Israel etwa 76% der Bevölkerung Juden, ca. 17% sind Muslime, die restlichen 7% der Bevölkerung sind Christen, Drusen und andere.[287]

---

285 Miller, Die Frage der Rückkehr palästinensischer Flüchtlinge, 2007, S. 292.
286 Miller, Die Frage der Rückkehr palästinensischer Flüchtlinge, 2007, S. 243.
287 CIA, World Factbook, Israel, 07.12.2011.

cc) Zwischenergebnis

Die Verweigerung der Rückkehr der 1948-Flüchtlinge und deren Nachkommen in die ursprünglichen Wohngebiete, also in die Gebiete des heutigen Staates Israels, verstößt gegen Art. 12 IV IPbürgR. Diese Personen haben demnach einen Anspruch auf Rückkehr und Ansiedlung in Israel.

c) Rückkehr in die OPT

Die Rückkehr der palästinensischen Flüchtlinge (sowohl die 1948- als auch die 1967- Flüchtlinge) in die von Israel 1967 besetzten palästinensischen Gebiete sollte im Grunde relativ unproblematisch sein – werden diese doch als Territorium für den palästinensischen Staat anvisiert. Beispielsweise wird in UN SC Res. 1397 (2002) explizit die Zwei-Staaten-Lösung genannt.[288]

Wie bereits oben erwähnt, kann Palästina derzeit aber - trotz Unabhängigkeitserklärung von 1988 und Anerkennung durch 127 Staaten[289] – mangels zusammenhängenden Territoriums und Staatsgewalt noch nicht als Staat angesehen werden.

Problematisch im Hinblick auf die Rückkehr palästinensischer Flüchtlinge in die ursprünglichen Wohngebiete innerhalb der OPT sind – abgesehen davon, dass Palästina noch kein Staat im Sinne des Völkerrechts ist - insbesondere die expansive Siedlungspolitik Israels und die von Israel errichtete Mauer im Westjordanland.

aa) Die Mauer

Wie bereits oben ausgeführt, verläuft nach Fertigstellung 85% der Mauer innerhalb des Westjordanlandes und isoliert etwa 9,4% des Westjordanlandes komplett. Wie verhält es sich also mit der Rückkehr palästinensischer Flüchtlinge, die aus eben jenen Gebieten stammen? Können diese nicht in ihre ursprünglichen Wohngebiete zurückkehren?
Im Jahr 2004 erstellte der ICJ ein Rechtsgutachten (*Advisory Opinion*), in dem klargestellt wird, dass die von Israel auf dem Territorium der OPT errichtete Mauer gegen internationales

---

288 „Affirming a vision of a region where two States, Israel and Palestine, live side by side within secure and recognized borders."
289 Grossmann, Why Kosovo but not Palestine?, 06.10.2011.

Recht verstößt[290] und dass der Bau gestoppt und bereits gebaute Abschnitte abgerissen werden müssen.[291] Der ICJ äußerte auch seine Sorge, dass der Verlauf der Mauer die zukünftige Grenze zwischen Israel und dem palästinensischen Staat darstellen könnte, was bedeuten würde, dass Israel Fakten geschaffen hat, die permanent werden und damit de facto eine Annektierung darstellen.[292]

bb) israelische Siedlungen

Obwohl im Rahmen des Oslo-Abkommens indirekt ein Siedlungsstopp vereinbart wurde,[293] fährt Israel, davon unbeirrt, weiterhin mit dem Siedlungsbau fort.[294]

Ein großer Teil der Mauer wurde errichtet, um die israelischen Siedlungen auf dem Gebiet der OPT zu umschließen. Wie steht es in diesem Zusammenhang um die Rückkehr der palästinensischen Flüchtlinge, die aus Gebieten stammen, in denen israelische Siedlungen errichtet wurden? Genießen diese Siedlungen Bestandsschutz, wenn der Staat Palästina entstanden ist?

Der ICJ ist der Überzeugung, dass der Bau der Mauer und die Errichtung von israelischen Siedlungen innerhalb der OPT die demographische Zusammensetzung der OPT verändert und damit gegen die IV. Genfer Konvention und Resolutionen des UN SC verstößt.[295]

Bereits 1979 hat der UN SC mit Res. 452 die Illegalität der israelischen Siedlungen auf dem Territorium der OPT festgestellt und die Beendigung des Siedlungsbaus von Israel

---

290 Die Errichtung der Mauer verstößt laut ICJ gegen die Vorschriften der Haager Landkriegsordnung und der IV. Genfer Konvention. Aufgrund der Einschränkung der Bewegungsfreiheit verstößt sie gegen IPbürgR sowie gegen das Recht auf Arbeit, Gesundheit, Bildung und angemessenen Lebensstandard gem. des Internationalen Paktes über wirtschaftliche, soziale und kulturelle Rechte und das Übereinkommen über die Rechte des Kindes.
291 „The construction of the wall being built by Israel, the occupying Power, in the Occupied Palestinian Territory, including in and around East Jerusalem, and its associated régime, are contrary to international law. (...) Israel is under an obligation (...) to cease forthwith the works of construction of the wall being built in the Occupied Palestinian Territory, including in and around East Jerusalem, to dismantle forthwith the structure therein situated, and to repeal or render ineffective forthwith all legislative and regulatory acts relating thereto (...)."
292 „It further considers certain fears expressed to it that the route of the wall will prejudge the future frontier between Israel and Palestine; it considers that the construction of the wall and its associated régime create a 'fait accompli' on the ground that could well become permanent, in which case, [the construction of the wall] would be tantamount to de facto annexation".
293 Im Rahmen der DOP wurde vereinbart, innerhalb der nächsten drei Jahre Verhandlungen zu den Themen: Grenzen, Jerusalem, Flüchtlinge, Siedlungen und Sicherheitsabkommen aufzunehmen. Indem Israel mit dem Siedlungsbau fortfährt, hat es die Verpflichtung, den Vertrag gem. Treu und Glauben zu erfüllen, verletzt, da so den noch ausstehenden Verhandlungen vorgegriffen wurde.
294 Quigley, The Case for Palestine, 2005, S. 217f.
295 ICJ, Advisory Opinion on the "Legal Consequences of the Construction of a Wall in the Occupied Palestinian Territory", 9. Juli 2004.

gefordert.[296] Ebenso wird in UN SC Res. 465 (1980) nicht nur die Illegalität der Siedlungen festgestellt und der Stopp des Siedlungsbaus gefordert, sondern darüber hinaus auch die Beseitigung der bereits errichteten Siedlungen verlangt.[297] Während die UN SC Res. 452 noch mit 14 Stimmen und einer Enthaltung (USA) und UN SC Res. 465 einstimmig verabschiedet wurde, machten die USA ab 1997 von ihrem Vetorecht Gebrauch.[298] Zuletzt legten die USA im Februar des vergangenen Jahres ihr Veto bei einer zu verabschiedenden UN SC Res. bzgl. der Verurteilung der illegal errichteten israelischen Siedlungen auf dem Gebiet der OPT ein. Begründet wurde das Veto der USA damit, dass zwar kein Zweifel an der Illegalität der Siedlungen bestehe, die Verabschiedung dieser Resolution aber Erfolgsaussichten von Friedensverhandlungen schadeten.[299] Aktuell hat Israel laut Pressemeldungen die Zusammenarbeit mit dem UNHRC als Reaktion auf dessen Beschluss, die Auswirkungen der israelischen Siedlungen auf die Menschenrechte der Palästinenser im Westjordanland zu untersuchen, eingestellt. Von den europäischen Staaten stimmten lediglich Österreich und Belgien für diesen Beschluss, alle anderen europäischen Staaten enthielten sich und die USA stimmten als einzige Nation gegen diese Entscheidung.[300]

cc) Zwischenergebnis

Dass den palästinensischen Flüchtlingen ein Rückkehranspruch in die OPT - die Gebiete die für den Staat Palästina vorgesehen sind - zusteht, steht außer Frage. Unabhängig davon, wann Palästina ein Staat im Sinne des Völkerrechts darstellen wird, hat der UN SC deutlich die Ermöglichung der Rückkehr der palästinensischen Flüchtlinge in die OPT von Israel gefordert. Im Rahmen von Friedensverhandlungen hat Israel dem auch bereits grundsätzlich

---

296 „Considering that the policy of Israel in establishing settlements in the occupied Arab territories has no legal validity and constitutes a violation of the Geneva Convention relative to the Protection of Civilian Persons in Times of War of 12 August 1949. (…) Calls upon the Government and people of Israel to cease, on an urgent basis, the establishment, construction and planning of settlements in the Arab territories occupied since 1967, including Jerusalem."
297 „Determines that all measures taken by Israel to change the physical, demographic composition, institutional structure or status of the Palestinian and other Arab territories occupied since 1967, including Jerusalem, or any part thereof have no legal validity and that Israel's policy and practices of settling parts of its population and new immigrants in those territories constitute a flagrant violation of the Geneva Convention in Time of War and also constitute a serious obstruction to achieving a comprehensive, just and lasting peace in the Middle East. (…) Calls upon the Government and people of Israel to rescind those measures, to dismantle the existing settlements and in particular to cease, on an urgent basis, the establishment, construction and planning of settlements in the Arab territories occupied since 1967, including Jerusalem."
298 Quigley, The Case for Palestine, 2005, S. 218f.
299 UN News Center, United States vetoes Security Council resolution on Israeli settlements, 18.02.2011.
300 DerStandard.at, Israel bricht Beziehungen zum UN-Menschenrechtsrat ab, 26.03.2012; Haaretz.com, Israel cuts contact with UN rights council to protest probe, 27.03.2012.

zugestimmt. In der Praxis steht die Umsetzung allerdings nach wie vor aus. Israel ist dieser Verpflichtung bislang nicht nachgekommen.

Die Frage, ob die illegal errichteten Siedlungen auch in dem palästinensischen Staat Bestandsschutz genießen dürfen, stellt sich meines Erachtens aufgrund der klaren Rechtslage nicht. Da sie gegen internationales Recht verstoßen, müssen sie demnach seitens Israels rückgebaut werden, so dass die Rückkehr der palästinensischen Flüchtlinge in ihre ursprünglichen Wohngebiete auch tatsächlich möglich ist. Für die Situation der israelischen Siedler müsste dann eine entsprechende Lösung erzielt werden. Diese könnte beispielsweise darin bestehen, dass der israelische Staat ihnen eine Entschädigung zahlt oder andere finanzielle Anreize für eine Rückkehr nach Israel bietet. Sofern seitens der Siedler der Wunsch bestünde, weiterhin in dem palästinensischen Staat zu wohnen, müssten diese bereit sein, sich entsprechend der palästinensischen Staatsgewalt zu unterwerfen.

Ebenso müssen die Teile der von Israel errichteten Mauer, die auf palästinensischem Territorium verlaufen, abgerissen werden.

IX. Schlussfolgerung

Obwohl der UN-Teilungsplan einen jüdischen und einen palästinensischen Staat vorsah, konnte im Gegensatz zum Staat Israel, ein palästinensischer Staat bislang nicht entstehen.

Etwa 62 % der gesamten palästinensischen Bevölkerung sind Flüchtlinge. Palästinensische Flüchtlinge stellen damit weltweit die größte Flüchtlingsgruppe dar. Sie sind aber auch die größte Gruppe, die in Flüchtlingslagen lebt. In den Zufluchtsstaaten sind die palästinensischen Flüchtlinge oft nicht oder nur mangelhaft integriert. Insbesondere im Libanon ist die Lage der Palästinenser besorgniserregend.

Im Gegensatz zu anderen Flüchtlingen, sind palästinensische Flüchtlinge, die im Operationsgebiet der UNRWA leben, von den Schutzmechanismen der GFK gem. Art. 1 D GFK (temporär) ausgeschlossen. Die 1948-Flüchtlinge und deren Nachkommen in männlicher Linie, die in den OPT, Jordanien, Syrien oder dem Libanon Zuflucht gefunden haben, fallen unter das Mandat der UNRWA. Aber auch die 1967-Flüchtlinge und Palästinenser, die infolge späterer Feindseligkeiten vertrieben worden sind, sind berechtigt, Schutz sowie Hilfs- und Unterstützungsleistungen von UNRWA zu erhalten.

Sowohl die palästinensischen Flüchtlinge in den OPT als auch die Palästinenser, die aus diesen Gebieten flohen, haben nicht die palästinensische Staatsangehörigkeit erlangt und sind staatenlos. Sofern sie nicht die Staatsangehörigkeit eines anderen Landes angenommen haben, sind die palästinensischen Flüchtlinge also auch zugleich Staatenlose. Dies trifft für die Mehrzahl der palästinensischen Flüchtlinge zu.

Es wurde geprüft, ob die 1948-Flüchtlinge, die aus den Gebieten des heutigen Israels flohen, automatisch die israelische Staatsangehörigkeit erhalten haben oder ob sie einen Anspruch auf Verleihung der israelischen Staatsangehörigkeit haben. Dies wurde jeweils verneint.

Den 1948-Flüchtlingen steht gegenüber Israel - als Nachfolgestaat eines Teils des britischen Mandatsgebiets Palästina - kein Anspruch auf Erlangung der israelischen Staatsbürgerschaft zu, auch wenn sie dort geboren sind und die damalige palästinensische Staatsangehörigkeit inne hatten. Es wurde festgestellt, dass das israelische Staatsangehörigkeitsrecht nicht gegen internationales Recht verstößt. Dieses Ergebnis ist aus meiner Sicht äußerst unbefriedigend, da das israelische Staatsangehörigkeitsrecht Personen diskriminiert, die nicht der jüdischen

Religion angehören. Das Diskriminierungsmerkmal „*Religion*" wurde aber nicht in die ICERD aufgenommen.

Vom Anwendungsbereich des Staatenlosenübereinkommens sind die palästinensischen Flüchtlinge, die im Operationsgebiet der UNRWA leben, gem. Art. 1 II Nr. 1 desselben ausgeschlossen.

Darüber hinaus wurde geprüft, ob die palästinensischen Flüchtlinge ein Recht auf Rückkehr haben. In diesem Zusammenhang kann festgehalten werden, dass sich ein Rückkehranspruch der 1948-Flüchtlinge und deren Nachkommen in die ursprünglichen Wohngebiete, die heute zum Staat Israel gehören, aus UN GA Res. 194 (III) nicht ergibt. Dies liegt darin begründet, dass Resolutionen der UN GA lediglich auf bestehendes Völkergewohnheitsrecht verweisen können.

Bezüglich der 1967-Flüchtlinge und deren Nachkommen existiert aber eine Resolution des UN SC. Gem. UN SC Res. 237 (1967) soll diesen ganz klar seitens Israels die Rückkehr ermöglicht werden. Eine derart eindeutige Grundsatzentscheidung des UN SC bzgl. der Rückkehr der 1948-Flüchtlinge gibt es nicht.

Es wurde festgestellt, dass die palästinensischen Flüchtlinge, die 1967 vertrieben worden sind, auch gem. Art. 12 IV IPbürgR einen Anspruch auf Rückkehr in ihre ursprünglichen Wohngebiete haben. Wenn Palästina als Staat im völkerrechtlichen Sinne entstanden ist, sollten auch die 1948-Flüchtlinge und deren Nachkommen die Möglichkeit haben, in diesen Staat zurückzukehren bzw. zu immigrieren. Sollten die 1948-Flüchtlinge aber eine Rückkehr in ihre ursprünglichen Wohngebiete, die zum heutigen Staat Israel gehören, bevorzugen, so steht ihnen gem. Art. 12 IV IPbürgR auch in dieser Hinsicht ein Anspruch zu.

Auch wenn tatsächlich nur ein Teil der 1948-Flüchtlinge von israelischen Truppen vertrieben wurde, so hat Israel doch gewusst, die Massenflucht der Palästinenser zum eigenen Vorteil zu nutzen. Entsprechende Änderungen des Staatsangehörigkeitsrechts wurden vorgenommen, die es den geflüchteten Palästinensern beinahe unmöglich machen, die israelische Staatsangehörigkeit zu erlangen. Aber selbst wenn Israel eine Rückkehr der 1948-Flüchtlinge und deren Nachkommen erlauben würde, bereitet eine Umsetzung Schwierigkeiten in praktischer Hinsicht. Denn das Land von dem die Palästinenser flohen, hat durch entsprechende israelische Gesetzgebung den Eigentümer gewechselt.

Die praktische Umsetzung der Rückkehr der 1948-Flüchtlinge nach Israel müsste deshalb im Einzelnen auf politischer Ebene verhandelt werden. Zu denken wäre beispielsweise auch an eine schrittweise, quotierte Rückkehr der Flüchtlinge. Zudem müsste aber überhaupt erst noch eruiert werden, wie viele der Palästinenser überhaupt eine Rückkehr in die Gebiete des heutigen Israels wünschen. Möglicherweise bevorzugt ein nicht unerheblicher Teil der palästinensischen Flüchtlinge eine Migration in den zukünftigen palästinensischen Staat. Aber auch in den OPT, die für den palästinensischen Staat vorgesehen sind, hat Israel durch die expansive Siedlungspolitik und den Bau der Mauer auf palästinensischem Gebiet Fakten geschaffen, die eventuell nicht mehr rückgängig gemacht werden können. Zwar ist die Rechtslage bezüglich deren Völkerrechtswidrigkeit eindeutig. Allerdings ist mit hoher Wahrscheinlichkeit davon auszugehen, dass Israel – wie schon bei den Camp David Verhandlungen im Jahr 2000[301] – auch im Rahmen von zukünftigen Friedensverhandlungen auf deren Fortbestehen hinwirken wird.

Es wird deutlich, dass der israelisch-palästinensische Konflikt ein sehr komplexes Thema ist, bei dem leider nicht die Rechtslage, sondern vornehmlich andere Interessen - nicht nur der Konfliktparteien, sondern auch anderer Staaten – entscheidend sind. Zwischen der rechtlichen und der tatsächlichen Situation der palästinensischen Flüchtlinge besteht also insbesondere in Bezug auf deren Rückkehr ein großer Unterschied.

---

301 Quigley, The Case for Palestine, 2005, S. 221.

Literaturverzeichnis

Abu Mugheisib, Randa: Die israelisch-palästinensischen Abkommen und die palästinensiche Autonomie. In: Ofteringer, Ronald (Hrsg.), Palästinensische Flüchtlinge und der Friedensprozess, Palästinenser im Libanon. Berlin: Das Arabische Buch, 1997, S. 105 – 117

ACRI[302] / Adalah[303]: „The Nakba Law" and its implications, 15. Mai 2011, http://www.acri.org.il/en/2011/05/15/%E2%80%9Cthe-nakba-law%E2%80%9D-and-its-implications/
[10.03.2012]

AIC[304]: Projekt für palästinensische Residenz- und Flüchtlingsrechte, Palästinensische Flüchtlinge in Jordanien. In: Ofteringer, Ronald (Hrsg.), Palästinensische Flüchtlinge und der Friedensprozess, Palästinenser im Libanon. Berlin: Das Arabische Buch, 1997, S. 119 – 126

Al Jazeera: Palestinians submit statehood request to UN, 23.09.2011, http://www.aljazeera.com/news/middleeast/2011/09/201192312433584593.html
[27.01.2012]

BADIL Resource Center for Palestinian Residency & Refugee Rights: Survey of Palestinian Refugees and Internally Displaced Persons 2008-2009, Volume VI, Bethlehem, 2009, http://www.badil.org/index.php?page=shop.product_details&category_id=7&flypage=garden_flypage.tpl&product_id=119&vmcchk=1&option=com_virtuemart&Itemid=4
[08.02.2012]

Chiller-Glaus, Michael: Tackling the Intractable, Palestinian Refugees and the Search for Middle East Peace. Bern: Peter Lang AG, 2007

CIA: The World Factbook, Gaza Strip, Stand: 20.12.2011, https://www.cia.gov/library/publications/the-world-factbook/geos/gz.html
[11.02.2012]

---

302 Association for Civil Rights in Israel.
303 The Legal Center for Arab Minority Rights in Israel.
304 Alternative Information Center.

CIA: The World Factbook, Israel, Stand: 07.12.2011,
https://www.cia.gov/library/publications/the-world-factbook/geos/is.html
[11.02.2012]

CIA: The World Factbook, Lebanon, Stand: 20.12.2011,
https://www.cia.gov/library/publications/the-world-factbook/geos/le.html
[11.02.2012]

CIA: The World Factbook, West Bank, Stand: 20.12.2011,
https://www.cia.gov/library/publications/the-world-factbook/geos/we.html
[11.02.2012]

Convention on Rights and Duties of States, Montevideo, 26. Dezember 1933,
http://avalon.law.yale.edu/20th_century/intam03.asp
[02.03.2012]

Convention on the Reduction of Statelessness, New York, 30 August 1961, Entered into force on 13 December 1975. In: United Nations, Treaty Series, vol. 989, p. 175,
http://untreaty.un.org/ilc/texts/instruments/english/conventions/6_1_1961.pdf
[02.03.2012]

Convention relating to the Status of Stateless Persons, Adopted on 28 September 1954 by a Conference of Plenipotentiaries convened by Economic and Social Council resolution 526 A (XVII) of 26 April 1954, Entry into force: 6 June 1960, in accordance with article 39,
http://www2.ohchr.org/english/law/pdf/stateless.pdf
[02.03.2012]

derStandard.at: Israel bricht Beziehungen zum UN-Menschenrechtsrat ab, 26.3.2012,
http://derstandard.at/1332323838630/Israel-bricht-Beziehungen-zum-UN-Menschenrechtsrat-ab
[27.03.2012]

Dowty, Alan: Israel/Palestine. Polity Press: Cambridge, Malden, 2008

Fischbach, Michael R.: Records of Dispossession, Palestinian Refugee Property and the Arab-Israeli Conflict. New York: Columbia University Press, 2003

Fischbach, Michael R.: The Peace Process and Palestinian Refugee Claims, Addressing Claims for Property Compensation and Restitution. Washington D.C.: United States Institute of Peace Press, 2006

Foda, Fadida: Abgeschoben – die Ausweisung der Palästinenser aus Libyen. In: Ofteringer, Ronald (Hrsg.), Palästinensische Flüchtlinge und der Friedensprozess, Palästinenser im Libanon. Berlin: Das Arabische Buch, 1997, S. 37 - 43

Gans, Chaim: A Just Zionism, On the Morality of the Jewish State. Oxford: University Press, 2008

Gelber, Yoav: Die Geschichtsschreibung des Zionismus: Von Apologetik zu Verleugnung. In: Schäfer, Barbara (Hrsg.): Historikerstreit in Israel, Die "neuen" Historiker zwischen Wissenschaft und Öffentlichkeit. Frankfurt, New York: Campus Verlag, 1997, S. 15 – 44

Goodwin-Gill, Guy S. / McAdam, Jane: The Refugee in International Law, Third Edition. Oxford: University Press, 2007

Grossman, Zoltan: Why Kosovo but not Palestine?, 06.10.2011,
http://www.aljazeera.com/indepth/opinion/2011/10/201110292016107881.html
[27.01.2012]

Haaretz.com: A softer touch on the Nakba, 24.01.2012,
http://www.haaretz.com/print-edition/features/a-softer-touch-on-the-nakba-1.408917
[07.02.2012]

Haaretz.com: Israel cuts contact with UN rights council to protest probe, Austrian and Belgian ambassadors to Israel were summoned to the Foreign Ministry and reprimanded, 27.03.2012,
http://www.haaretz.com/news/diplomacy-defense/israel-cuts-contact-with-un-rights-council-to-protest-probe-1.420880
[27.03.2012]

ICJ: Liechtenstein v. Guatemala, Nottebohm Case (second phase), Urteil vom 6. April 1955. In: ICJ Reports 1955, S.4 – 27,
http://www.icj-cij.org/docket/files/18/2674.pdf
[01.03.2012]

ICJ: Advisory Opinion on the "Legal Consequences of the Construction of a Wall in the Occupied Palestinian Territory", 9 July 2004,
http://www.icj-cij.org/docket/index.php?pr=71&code=mwp&p1=3&p2=4&p3=6&case=131&k=5a
[17.03.2012]

International Covenant on Civil and Political Rights, Adopted and opened for signature, ratification and accession by General Assembly resolution 2200A (XXI) of 16 December 1966, entry into force 23 March 1976, in accordance with Article 49,
http://www2.ohchr.org/english/law/ccpr.htm
[28.02.2012]

Internationaler Pakt über bürgerliche und politische Rechte vom 19. Dezember 1966, BGBl. 1973 II 1553,
http://www.auswaertiges-amt.de/cae/servlet/contentblob/360794/publicationFile/3613/IntZivilpakt.pdf
[28.02.2012]

International Convention on the Elimination of All Forms of Racial Discrimination, Adopted and opened for signature and ratification by General Assembly resolution 2106 (XX) of 21 December 1965, entry into force 4 January 1969, in accordance with Article 19,
http://www2.ohchr.org/english/law/pdf/cerd.pdf
[03.03.2012]

Internationaler Pakt über wirtscftliche, soziale und kulturelle Rechte, 19. Dezember 1966,
http://www.auswaertiges-amt.de/cae/servlet/contentblob/360806/publicationFile/3618/IntSozialpakt.pdf
[03.03.2012]

Israel: Absentees' Property Law, 5710-1950, passed by the Knesset March 14, 1950,
http://unispal.un.org/UNISPAL.NSF/0/E0B719E95E3B494885256F9A005AB90A
[11.03.2012]

Israel: Basic Law: Human Dignity and Liberty, 5752-1992, Passed by the Knesset on 12 Adar 5752 (17th March 1992),
http://www.knesset.gov.il/laws/special/eng/basic3_eng.htm
[06.03.2012]

Israel: Budget Foundations Law (Amendment No. 40) 5771 – 2011, Unofficial translation by Adalah (The Legal Center for Arab Minority Rights in Israel),
http://www.adalah.org/upfiles/2011/discriminatory_laws_2011/Nakba_Law_2011_English.pdf
[10.03.2012]

Israel: Development Authority (Transfer of Property) Law, 5710-1950, passed by the Knesset 31 July, 1950, http://www.israellawresourcecenter.org/israellaws/fulltext/devauthoritylaw.htm
[11.03.2012]

Israel: Law of Return, 5710-1950, Passed by the Knesset on the 20th Tammuz, 5710 (5th July, 1950),
http://www.mfa.gov.il/MFA/MFAArchive/1950_1959/Law+of+Return+5710-1950.htm
[02.03.2012]

Israel: Ministry of Foreign Affairs (MFA): Israel's Diplomatic Missions Abroad: Status of relations, Updated September 2011,
http://www.mfa.gov.il/MFA/About+the+Ministry/Diplomatic+missions/Israel-s+Diplomatic+Missions+Abroad.htm
[06.03.2012]

Israel: Nationality Law, 5712-1952, Passed by the Knesset on the 6th Nisan, 5712 (1st April, 1952),
http://www.israellawresourcecenter.org/israellaws/fulltext/nationalitylaw.htm
[02.03.2012]

Jordanian Department of Statistics: Population and Housing Census 2004, Table 3.1 Distribution of Population by Category, Sex, Nationality, Administrative Statistical Divisions and Urban – Rural: 1,
http://www.dos.gov.jo/dos_home_e/main/census2004/cen04_3.pdf/table_3_1.pdf
[11.03.2012]

Jordanien: Law No. 6 of 1954 on Nationality, 1 January 1954, last amended 1987,
http://www.unhcr.org/cgi-bin/texis/vtx/refworld/rwmain?docid=3ae6b4ea13
[19.01.2012]

League of Nations: Covenant of the League of Nations, 28 April 1919,
http://www.unhcr.org/refworld/docid/3dd8b9854.html
[01.03.2012]

League of Nations: Mandate for Palestine, C. 529. M. 314. 1922. VI., London, 24. Juli 1922,
http://unispal.un.org/UNISPAL.NSF/0/2FCA2C68106F11AB05256BCF007BF3CB
[01.03.2012]

Khoury, Elias: Das Tor zur Sonne. Stuttgart: Klett-Cotta, 2004

Klein, Menachem: Operating the Triangle by Bilateral Agreements. In: Ginat, Joseph / Winckler, Onn (Hrsg.): The Jordanien-Palestinian-Israeli Triangle, Smoothing the Path to Peace, 2. Auflage. Eastbourne: Sussex Academic Press, 2008, S. 46 – 61

Kommission der Europäischen Gemeinschaften (EU KOM): Vorschlag für eine Richtlinie des Rates über Mindestnormen für die Anerkennung und den Status von Drittstaatsangehörigen und Staatenlosen als Flüchtlinge oder als Personen, die anderweitig internationalen Schutz benötigen (Qualifikationsrichtlinie), KOM(2001) 510 endgültig, 2001/027 (CNS), Brüssel, 12.9.2001,
http://eur-lex.europa.eu/LexUriServ/LexUriServ.do?uri=COM:2001:0510:FIN:DE:PDF
[03.03.2012]

Miller, Tina: Die Frage der Rückkehr palästinensischer Flüchtlinge unter Berücksichtigung der Lösungsansätze der Vereinten Nationen, Dresdner Schriften zu Recht und Politik der Vereinten Nationen, Band 4. Frankfurt a.M.: Peter Lang GmbH, 2007

Morris, Benny: Anmerkungen zur zionistischen Geschichtsschreibung und dem Transfergedanken in den Jahren 1937 – 1944. In: Schäfer, Barbara (Hrsg.): Historikerstreit in Israel, Die "neuen" Historiker zwischen Wissenschaft und Öffentlichkeit. Frankfurt, New York: Campus Verlag, 1997, S. 45 – 62

Morris, Benny: The Birth of the Palestinian Refugee Problem Revisited. Cambridge: Cambridge University Press, 2004

Neue Züricher Zeitung: Europäischer Druck auf Israel, Diplomatische Vertreter aus EU-Staaten üben scharfe Kritik an der Politik gegenüber den Palästinensern, 20.01.2012,
http://www.nzz.ch/nachrichten/politik/international/europaeischer_druck_auf_israel_1.14423916.html
[26.01.2012]

Nevo, Joseph: The Political Context of the Triangle: An Overview. In: Ginat, Joseph / Winckler, Onn (Hrsg.): The Jordanien-Palestinian-Israeli Triangle, Smoothing the Path to Peace, 2. Auflage. Eastbourne: Sussex Academic Press, 2008, S. 11 – 27

OECD: Gender Equality and Social Institutions in Jordan, SIGI, Social Institutions and Gender Index,
http://genderindex.org/country/jordan
[11.03.2012]

Ofteringer, Ronald: Vorwort. In: Ofteringer, Ronald (Hrsg.), Palästinensische Flüchtlinge und der Friedensprozess, Palästinenser im Libanon. Berlin: Das Arabische Buch, 1997, S. 7 – 12

Ofteringer, Ronald: Palästinensische Flüchtlinge, Friedensprozess und internationale Flüchtlingspolitik. In: Ofteringer, Ronald (Hrsg.), Palästinensische Flüchtlinge und der Friedensprozess, Palästinenser im Libanon. Berlin: Das Arabische Buch, 1997, S. 69 - 91

Ofteringer, Ronald: Exkurs: Die palästinensischen Flüchtlinge nach 1948. In: Ofteringer, Ronald (Hrsg.), Palästinensische Flüchtlinge und der Friedensprozess, Palästinenser im Libanon. Berlin: Das Arabische Buch, 1997, S. 93 - 104

Ofteringer, Ronald: Der Libanon-Konflikt. In: Ofteringer, Ronald (Hrsg.), Palästinensische Flüchtlinge und der Friedensprozess, Palästinenser im Libanon. Berlin: Das Arabische Buch, 1997, S. 127 - 132

Pagener, H.: Das Staatsangehörigkeitsrecht des Staates Israel und des ehemaligen Mandatsgebietes Palästina. Frankfurt a.M., Berlin: Alfred Metzner Verlag, 1954

PNC: Declaration of Independence of 15 November 1988. In: UN doc. A/43/827-S/20278,18 November 1988, Annex III, http://unispal.un.org/UNISPAL.NSF/0/6EB54A389E2DA6C6852560DE0070E392 [02.03.2012]

Quigley, John: The Case for Palestine, An International Law Perspective, 2. Auflage. Durham, London: Duke University Press, 2005

Raz-Krakotzkin, Amnon: Historisches Bewusstsein und historische Verantwortung. In: Schäfer, Barbara (Hrsg.): Historikerstreit in Israel, Die "neuen" Historiker zwischen Wissenschaft und Öffentlichkeit. Frankfurt, New York: Campus Verlag, 1997, S. 151 – 207

Rat der Europäischen Union: Gemeinsamer Standpunkt vom 4. März 1996 - vom Rat aufgrund von Artikel K.3 des Vertrags über die Europäische Union festgelegt - betreffend die harmonisierte Anwendung der Definition des Begriffs "Flüchtling" in Artikel 1 des Genfer Abkommens vom 28. Juli 1951 über die Rechtsstellung der Flüchtlinge, 96/196/JI, in: Amtsblatt Nr. L 063 vom 13/03/1996 S. 2 – 7,
http://eur-lex.europa.eu/LexUriServ/LexUriServ.do?uri=CELEX:31996F0196:DE:HTML
[27.02.2012]

Richtlinie 2004/83/EG des Rates vom 29. April 2004 über Mindestnormen für die Anerkennung und den Status von Drittstaatsangehörigen oder Staatenlosen als Flüchtlinge oder als Personen, die anderweitig internationalen Schutz benötigen, und über den Inhalt des zu gewährenden Schutzes, in: Amtsblatt der Europäischen Union Nr. L 304 vom 30.09.2004, S. 12 – 23,
http://eur-lex.europa.eu/LexUriServ/LexUriServ.do?uri=CELEX:32004L0083:de:HTML
[27.02.2012]

Richtlinie 2011/95/EU des Europäischen Parlaments und des Rates vom 13. Dezember 2011 über Normen für die Anerkennung von Drittstaatsangehörigen oder Staatenlosen als Personen mit Anspruch auf internationalen Schutz, für einen einheitlichen Status für Flüchtlinge oder für Personen mit Anrecht auf subsidiären Schutz und für den Inhalt des zu gewährenden Schutzes (Neufassung), in: Amtsblatt der Europäischen Union, Nr. L 337/9 vom 20.12.2011, S. 9 – 26,
http://eur-lex.europa.eu/LexUriServ/LexUriServ.do?uri=OJ:L:2011:337:0009:0026:DE:PDF
[27.02.2012]

Said, Edward W.: The End of the Peace Process, Oslo and After. New York: Pantheon Books, 2000

Sayigh, Rosemary: Palästinenser im Libanon: Die (Auf)-Lösung des Flüchtlingsproblems. In: Ofteringer, Ronald (Hrsg.), Palästinensische Flüchtlinge und der Friedensprozess, Palästinenser im Libanon. Berlin: Das Arabische Buch, 1997, S. 15 - 36

Schäfer, Barbara: Glossar. In: Schäfer, Barbara (Hrsg.): Historikerstreit in Israel, Die "neuen" Historiker zwischen Wissenschaft und Öffentlichkeit. Frankfurt, New York: Campus Verlag, 1997, S. 257 - 264

Shemesh, Moshe: Bilateral and Trilateral Political Cooperation. In: Ginat, Joseph / Winckler, Onn (Hrsg.): The Jordanien-Palestinian-Israeli Triangle, Smoothing the Path to Peace, 2. Auflage. Eastbourne: Sussex Academic Press, 2008, S. 28 – 45

Statute of the Office of the United Nations High Commissioner for Refugees, UN GA Resolution 248 (V), Fifth Session, 325th plenary meeting, 14. Dezember 1950, http://daccess-dds-ny.un.org/doc/RESOLUTION/GEN/NR0/060/26/IMG/NR006026.pdf?OpenElement
[27.02.2012]

Tabet, Gihane: Women in Personal Status Laws: Iraq, Jordan, Lebanon, Palestine, Syria, SHS Papers in Women's Studies/ Gender Research No. 4, UNESCO, Paris, Juli 2005, http://www.unesco.org/new/fileadmin/MULTIMEDIA/HQ/SHS/pdf/Women_in_Personal_Status_Laws.pdf
[11.03.2012]

Takkenberg, Alex: The Status of Palestinian Refugees in International Law, Doctoral dissertation, University of Nijmegen, The Netherlands, Reeks Recht en Samenleving nr. 13, 1997

The Universal Declaration of Human Rights (UDHR), UN GA Resolution 217 A (III) United Nations General Assembly in Paris on 10 December 1948, http://www.un.org/en/documents/udhr/
[03.03.2012]

Übereinkommen über die Rechtsstellung der Staatenlosen (Staatenlosenübereinkommen) vom 28. September 1954 (BGBl. 1976 II S. 474), http://www.aufenthaltstitel.de/staatenlose.html
[02.03.2012]

Übereinkommen zur Verminderung der Staatenlosigkeit, 30. August 1961,
http://www.unhcr.de/fileadmin/rechtsinfos/staatenlosigkeit/staatenl-Uebereinkommen_Verminderung.pdf
[02.03.2012]

UN GA: Resolution 181 (II), Future Government of Palestine, Resolution adopted on the Report of the ad hoc Committee on the Palestinian Question, 29 November 1947,
http://daccessdds.un.org/doc/RESOLUTION/GEN/NR0/038/88/IMG/NR003888.pdf?OpenElement
[02.03.2012]

UN GA: Resolution 194 (III), Palestine – Progress Report of the United Nations Mediator, Hundred and eighty-sixth plenary meeting, 11 December 1948,
http://daccess-dds-ny.un.org/doc/RESOLUTION/GEN/NR0/043/65/IMG/NR004365.pdf?OpenElement
[12.03.2012]

UN GA: Resolution 2452 A, B (XXIII), Report of the Commissioner-General of the United Nations Relief and Works Agency for Palestine Refugees in the Near East, 1749th plenary meeting, 19 December 1968,
http://daccess-dds-ny.un.org/doc/RESOLUTION/GEN/NR0/244/12/IMG/NR024412.pdf?OpenElement
[04.03.2012]

UN GA: Resolution 2649 (XXV), The importance of the universal realization of the rights of peoples to self-determination and of the speedy granting of independence to colonial countries and peoples for the effective guarantee and observance of human rights, 1915th plenary meeting, 30 November 1970,
http://daccess-dds-ny.un.org/doc/RESOLUTION/GEN/NR0/349/14/IMG/NR034914.pdf?OpenElement
[04.03.2012]

UN GA: Resolution 3151 G (XXVIII), Policy of apartheid of the Government of South Africa, 2201st plenary meeting, 14. December 1973,
http://daccess-dds-ny.un.org/doc/RESOLUTION/GEN/NR0/282/23/IMG/
NR028223.pdf?OpenElement
[04.03.2012]

UN GA: Resolution 3236 (XXIX), Question of Palestine, 2296th plenary meeting, 22 November 1974,
http://daccess-dds-ny.un.org/doc/RESOLUTION/GEN/NR0/738/38/IMG/
NR073838.pdf?OpenElement
[04.03.2012]

UN GA: Resolution 3379 (XXX), Elimination of all forms of racial discrimination, 2400th plenary meeting, 10 November 1975,
http://daccess-dds-ny.un.org/doc/RESOLUTION/GEN/NR0/000/92/IMG/
NR000092.pdf?OpenElement
[04.03.2012]

UN GA: Resolution 46/86, Elimination of racism and racial discrimination, 74th plenary meeting, 16 December 1991,
http://daccess-dds-ny.un.org/doc/RESOLUTION/GEN/NR0/581/74/IMG/
NR058174.pdf?OpenElement
[04.03.2012]

UNHCR: Handbook for Emergencies, Second Edition, Genf, 1998,
http://www.unhcr.org/publ/PUBL/3bb2fa26b.pdf
[10.11.2011]

UNHCR: Überarbeitete Stellungnahme zur Rechtsstellung palästinensischer Flüchtlinge unter UNRWA-Mandat sowie Hinweise zur UNRWA-Registrierung, 2000,
http://www.unhcr.de/fileadmin/rechtsinfos/fluechtlingsrecht/1_international/1_2_fluechtlingsbegriff/1_2_3/FR_int_fb_ausschluss-HCR_UNRWA.pdf
[28.02.2012]

UNHCR: Note über die Anwendbarkeit von Artikel 1 D des Abkommens von 1951 über die Rechtsstellung der Flüchtlinge auf palästinensische Flüchtlinge, 2002
http://www.unhcr.de/fileadmin/rechtsinfos/fluechtlingsrecht/1_international/1_2_fluechtlingsb
egriff/1_2_3/FR_int_fb_ausschluss-Art_1D.pdf
[28.02.2012]

UNHCR: Agenda für den Flüchtlingsschutz, Deutsche Auflage, UNHCR Österreich, 2003,
http://www.unhcr.de/fileadmin/rechtsinfos/fluechtlingsrecht/1_international/1_2_fluechtlingsb
egriff/1_2_4/FR_int_fb_dok-Agenda_FlSchutz.pdf
[10.11.2011]

UNHCR: Liste der Vertragsstaaten des Abkommens vom 28. Juli 1951 und/oder des Protokolls vom 31. Januar 1967 über die Rechtsstellung der Flüchtlinge, Stand: 01.12.2006
http://www.unhcr.de/fileadmin/rechtsinfos/fluechtlingsrecht/1_international/1_1_voelkerrecht
/1_1_1/FR_int_vr_GFK-Liste_Vertragsstaaten.pdf
[08.07.2011]

UNHCR: Global Trends 2010, 60 years and still counting, 20.06.2011, Annex, Tabelle 17: Refugees including people in a refugee-like situation by type of location, end-2010,
http://www.unhcr.org/pages/49c3646c4d6.html
[08.07.2011]

UNHCR EXCOM: Beschluss Nr. 109 des UNHCR-Exekutivkomitees zu lang andauernden Flüchtlingssituationen verabschiedet auf seiner 60. Sitzung (LXI), 28. September bis 2. Oktober 2009,
http://www.unhcr.de/fileadmin/rechtsinfos/fluechtlingsrecht/1_international/1_1_voelkerrecht
/1_1_8/FR_int_vr_EXKOM-EXKOM_109.pdf
[02.11.2011]

UNHRC: General Comments adopted by the Human Rights Committee under Article 40, Paragraph 4 of the International Covenant on Civil and Poitical Rights, General Comment No. 27: Freedom of movement (Art.12) , 02.11.1999, CCPR/C/21/Rev.1/Add.9, General Comment No. 27. (General Comments),
http://www.unhchr.ch/tbs/doc.nsf/%28Symbol%29/6c76e1b8ee1710e380256824005a10a9
[04.03.2012]

United Nations: Charta (Satzung) der Vereinten Nationen vom 26. Juni 1945,
http://www.staatsvertraege.de/uno/satzung45.htm#top
[13.03.2012]

UN News Center: United States vetoes Security Council resolution on Israeli settlements, 18 February 2011.
http://www.un.org/apps/news/story.asp?NewsID=37572
[17.03.2012]

UN OCHA[305]: Palestinian communities affected by the barrier, December 2011,
http://www.ochaopt.org/documents/ochaopt_atlas_barrier_affecting_palestinians_december2011.pdf
[21.03.2012]

UNRWA: Consolidated Eligibility and Registration Instructions (CERI), Stand: 01/2009,
http://unispal.un.org/pdfs/UNRWA-CERI.pdf
[28.02.2012]

UNRWA: UNRWA at a glance, Factsheet, 2011,
http://www.unrwa.org/userfiles/2011120121038.pdf
[11.02.1012]

UNRWA: UNRWA in Figures, Stand: 01.01.2011,
http://www.unrwa.org/userfiles/2011092751539.pdf
[11.02.1012]

---

[305] United Nations Office for the Coordination of Humanitarian Affairs.

UNRWA: Where UNRWA works, Jordan, Stand: 31. Dezember 2010,
http://www.unrwa.org/etemplate.php?id=66
[11.03.2012]

UNRWA: Where UNRWA works, Syria, Stand: 31. Dezember 2010,
http://www.unrwa.org/etemplate.php?id=55
[18.03.2012]

UN SC: Res. 237 (1967), 14 June 1967, Adopted unanimously at the 1361st meeting,
http://daccess-dds-ny.un.org/doc/RESOLUTION/GEN/NR0/240/89/IMG/
NR024089.pdf?OpenElement
[12.03.2012]

UN SC: Res. 242 (1967), 22 November 1967, Adopted unanimously at the 1382nd meeting,
http://daccess-dds-ny.un.org/doc/RESOLUTION/GEN/NR0/240/94/IMG/
NR024094.pdf?OpenElement
[12.03.2012]

UN SC: Res. 452 (1979), 20 July 1979, Adopted at the 2159th meeting by 14 voted to none, with 1 abstention (United States of America),
http://daccess-dds-ny.un.org/doc/RESOLUTION/GEN/NR0/370/66/IMG/
NR037066.pdf?OpenElement
[12.03.2012]

UN SC: Res. 465 (1980), 1 March 1980, Adopted unanimously at the 2203rd meeting,
http://daccess-dds-ny.un.org/doc/RESOLUTION/GEN/NR0/399/58/IMG/
NR039958.pdf?OpenElement
[12.03.2012]

UN SC: Res. 1397 (2002), Adopted by the Security Council at its 4489th meeting, on 12 March 2002,
http://daccess-dds-ny.un.org/doc/UNDOC/GEN/N02/283/59/PDF/
N0228359.pdf?OpenElement
[12.03.2012]

UNTC[306]: Convention relating to the Status of Stateless Persons, Status as at: 02.03.2012,
http://treaties.un.org/pages/ViewDetailsII.aspx?&src=TREATY&mtdsg_no=V~3&chapter=5
&Temp=mtdsg2&lang=en
[02.03.2012]

UNTC: Convention on the Reduction of Statelessness, Status as at: 03.03.2012,
http://treaties.un.org/pages/ViewDetails.aspx?src=TREATY&mtdsg_no=V-4&chapter=5
&lang=en
[02.03.2012]

UNTC: International Convention on the Elimination of All Forms of Racial Discrimination, Status as at: 03.03.2012,
http://treaties.un.org/pages/ViewDetails.aspx?src=TREATY&mtdsg_no=IV-2&chapter=4
&lang=en
[02.03.2012]

UNTC: International Covenant on Civil and Political Rights, Status as at: 29.02.2012,
http://treaties.un.org/Pages/ViewDetails.aspx?src=TREATY&mtdsg_no=IV-4&chapter=4
&lang=en
[02.03.2012]

---

306 United Nations Treaty Collection.

Wiener Übereinkommen über das Recht der Verträge (Wiener Vertragsrechtskonvention) vom 23. Mai 1969,
http://www.ris.bka.gv.at/GeltendeFassung.wxe?Abfrage=Bundesnormen&Gesetzesnummer=10000684&ShowPrintPreview=True
[02.03.2012]

Zimmermann, Andreas (Hrsg.): The 1951 Conention relating to the Status of Refugees and its 1967 Protocol, A Commentary. Oxford: University Press, 2011

Abbildungsverzeichnis

Deckblatt, großes Foto:

Die *Nakba*, Graffiti an einer Mauer des Flüchtlingslagers Balata in Nablus

© Sandra Herting

[April 2012]

Deckblatt, kleines Foto:

„Key of return", Graffiti an einer Mauer des Flüchtlingslagers Balata in Nablus

© Sandra Herting

[April 2012]

Abbildung 1:

„Key of Return", Stahlskulptur, am Ortseingang von Jericho

© Sandra Herting

[April 2012]

Abbildung 2:

Teilungsplan gem. UN GA Res. 181 (II) vom 29.11.1947

© Annex A to resolution 181 (II) of the General Assembly, dated 29 November 1947, http://domino.un.org/unispal.nsf/5ba47a5c6cef541b802563e000493b8c/164333b501ca09e785256cc5005470c3?OpenDocument

[02.03.2012]

Abbildung 3:

Green Line von 1949

© BBC, http://news.bbc.co.uk/hi/english/static/in_depth/world/2001/israel_and_palestinians/key_maps/5.stm

[02.03.2012]

Abbildung 4:
Von Israel 1967 besetzte Gebiete
© BBC, http://news.bbc.co.uk/hi/english/static/in_depth/world/2001/
israel_and_palestinians/key_maps/4.stm
[02.03.2012]

Abbildung 5:
Anzahl der palästinensischen Flüchtlinge, die bei UNRWA registriert sind
© Sandra Herting
Datengrundlage:
UNRWA, UNRWA in Figures, Stand: 01.01.2011,
http://www.unrwa.org/userfiles/2011092751539.pdf
[11.02.1012]

Abbildung 6:
Anzahl der palästinensischen Flüchtlinge, die in einem Flüchtlingslager leben
© Sandra Herting
Datengrundlage:
UNRWA, UNRWA in Figures, Stand: 01.01.2011,
http://www.unrwa.org/userfiles/2011092751539.pdf
[11.02.1012]

Abbildung 7:
Registrierte Flüchtlinge im Westjordanland
© Sandra Herting
Datengrundlage:
UNRWA, UNRWA in Figures, Stand: 01.01.2011,
http://www.unrwa.org/userfiles/2011092751539.pdf
[11.02.1012]

Abbildung 8:
Registrierte Flüchtlinge im Gaza-Streifen
© Sandra Herting
Datengrundlage:
UNRWA, UNRWA in Figures, Stand: 01.01.2011,
http://www.unrwa.org/userfiles/2011092751539.pdf
[11.02.1012]

Abbildung 9:
Registrierte Flüchtlinge in Jordanien
© Sandra Herting
Datengrundlage:
UNRWA, UNRWA in Figures, Stand: 01.01.2011,
http://www.unrwa.org/userfiles/2011092751539.pdf
[11.02.1012]

Abbildung 10:
Kopie eines jordanischen Passes eines 1967-Flüchtlings aus Gaza (aus Datenschutzgründen bearbeitet)
© Sandra Herting

Abbildung 11:
Registrierte Flüchtlinge im Libanon
© Sandra Herting
Datengrundlage:
UNRWA, UNRWA in Figures, Stand: 01.01.2011,
http://www.unrwa.org/userfiles/2011092751539.pdf
[11.02.1012]

Abbildung 12:
Registrierte Flüchtlinge in Syrien
© Sandra Herting
Datengrundlage:
UNRWA, UNRWA in Figures, Stand: 01.01.2011,
http://www.unrwa.org/userfiles/2011092751539.pdf
[11.02.1012]

Abbildung 13:
Einteilung der OPT in Zonen (Ausschnitt)
© UN OCHA, Occupied Palestinian Territory, December 2011,
http://www.ochaopt.org/documents/ochaopt_atlas_opt_general_december2011.pdf
[21.03.2012]

Abbildung 14:
Verlauf der Mauer
© UN OCHA, Palestinian communities affected by the barrier, December 2011,
http://www.ochaopt.org/documents/ochaopt_atlas_barrier_affecting_palestinians_december2011.pdf
[21.03.2012]

Abbildung 15:
Diplomatische Beziehungen Israels
© Israel Ministry of Foreign Affairs (MFA), Israel's Diplomatic Missions Abroad: Status of relations, Updated September 2011,
http://www.mfa.gov.il/MFA/About+the+Ministry/Diplomatic+missions/Israel-s+Diplomatic+Missions+Abroad.htm
[06.03.2012]

Die Autorin:

Sandra Herting wurde 1980 geboren und lebt in Berlin. Sie hat International Relations an der Freien Universität Berlin studiert und forscht im Rahmen ihrer Doktorarbeit derzeit über Flüchtlingslager in Ruanda. In die vorliegende Studie sind neben einer umfassenden Literaturrecherche auch persönliche Erfahrungen der Autorin aus Aufenthalten in den palästinensischen Gebieten und Jordanien in den Jahren 2008, 2010, 2011 und 2012 sowie aus zahlreichen Gesprächen mit palästinensischen Flüchtlingen mit eingeflossen.